DEUX
BRETONS

PAR

XAVIER DE MONTÉPIN

6

PARIS
ALEXANDRE CADOT ÉDITEUR
37, rue Serpente.

1857

DEUX BRETONS

Ouvrages d'Alexandre Dumas.

Le Pasteur d'Ashbourn..	8 vol.
Mes Mémoires.	22 vol.
Olympe de Clèves	9 vol.
Conscience	5 vol.
Un Gilblas en Californie.	2 vol.
Les Drames de la Mer.	2 vol.
Histoire d'une colombe	2 vol.
Ange Pitou (suite au *Collier de la Reine*)..	8 vol.
Pauline et Pascal Bruno.	2 vol.
Une vie artiste.	2 vol.
Le Trou de l'Enfer	4 vol.
Dieu dispose (suite au *Trou de l'Enfer*)	6 vol.
La Femme au collier de velours.	2 vol.
La Régence.	2 vol.
Louis XV.	5 vol.
Louis XVI	5 vol.
Les Mariages du père Olifus	5 vol.
Le Collier de la reine.	11 vol.
Les mille et un fantômes	2 vol.
Le Véloce.	4 vol.
Mémoires d'un Médecin et Césarine.	20 vol.
Les Quarante-Cinq.	10 vol.
La comtesse de Salisbury	6 vol.
Tomes 3, 4, 5, complétant la première édition.	3 vol.
Les deux Diane.	10 vol.
Le Bâtard de Mauléon	9 vol.
Le Chevalier de Maison Rouge.	6 vol.
Une Fille du Régent	4 vol.
La Comtesse de Charny.	19 vol.
Catherine Blum.	2 vol.
Les Mohicans de Paris.	19 vol.
Ingénue.	7 vol.
Page (le) du duc de Savoie.	8 vol.
El Saltéador	5 vol.
Vie et aventures de la princesse de Monaco.	6 vol.
Souvenirs de 1830 à 1842.	8 vol.
Grands Hommes (les) en robe de chambre.	
1° RICHELIEU.	5 vol.
2° HENRI IV.	2 vol.
3° CESAR.	7 vol.
Salvator le Commissionnaire.	6 vol.
Journal de madame Giovanni	4 vol.
Madame du Deffand.	2 vol.
La Mecque et Médine	6 vol.
Le Lièvre de mon grand-père..	1 vol.

Fontainebleau. Imp. de E. Jacquin

DEUX
BRETONS

PAR

XAVIER DE MONTÉPIN

6

PARIS
ALEXANDRE CADOT, EDITEUR
37, rue Serpente.

1857

QUATRIÈME PARTIE

(SUITE)

LÉONTINE LE MODÈLE

(SUITE)

XLIII

Mine contre mine.

— Comment donc que ça va, ma bonne petite m'ame Brancador ?... — répéta le faux docteur de l'air le plus souriant et le plus galant du monde.

— Point trop mal... point trop mal...

— répondit l'entremetteuse du même ton.

— Et d'où donc que vous venez comme ça ?

— De faire mes petites affaires, mon pauvre monsieur Tircis...

— Ça boulotte-t-il ?... êtes vous contente ?

— Assez bien... — Eh! mon Dieu, je ne me plains pas... — il faut savoir se contenter, en ce bas monde... et je suis, ma foi, très satisfaite...

— Allons, tant mieux !...

— Vous êtes bien bon.

— Non, mais, parole d'honneur, je vous aime !... le diable m'emporte si je sais pourquoi...

— Ce bon Tircis !...

— Cette chère amie !... — et vous vous en allez, comme ça, chez vous, tout de ce pas ?...

— Ah ! grand Dieu non !... — je vais joliment loin d'ici, au contraire... — de l'autre côté de l'eau...

— Peut-on savoir ?...

— Oh ! parfaitement. — Je vais au Palais de Justice... — la trotte est assez coquette, comme vous voyez...

—Au Palais de Justice, — répéta Tircis, — ah! bah! — est-ce que vous auriez des désagréments avec monsieur le Procureur impérial? — est-ce que la sixième chambre vous aurait adressé une invitation?...

— A moi?... par exemple! pour qui me prenez-vous?...

— Dame! ça s'est vu...

— Possible, — mais ça ne se verra plus... — je me rends au palais dans un but moral, mon bonhomme...

— Tiens! tiens! tiens!...

Je vais déposer une plainte...

— On vous a volé ?...

— On veut me voler.

— Ah ! ça n'est pas gentil !... — et quel est le bandit ?...

— Ils sont deux.

— Est-ce que je les connais ?

— Parbleu !...

— Eh ! bien, dites-moi leur nom.

— Pourquoi faire ?...

— Histoire de satisfaire ma curiosité légitime.

— Eh! bien, l'un de ces drôles s'appelle Léonidas...

— Léonidas! — répéta le faux médecin en riant aux éclats.

— Ah! vous trouvez ça drôle?...

— Mais, z'oui, — et, l'autre?...

— L'autre répond au nom de Tircis.

— Moi??

— Vous même, mon fils.

— Ah! ça, mais, vous plaisantez, m'ame Brancador?...

— Jamais de la vie !...

— Je vous jure que je ne sais pas ce que vous voulez dire...

— Ah! vous croyez, Léonidas et vous, qu'on peut flibuster comme ça les amis et abuser de la confiance d'une honnête femme pour lui subtiliser ses bénéfices?... — à d'autres, mes gaillards!... — voilà deux heures que je monte une garde hors de tour, sous une porte cochère, dans le haut de la rue Pigale... — j'ai tout vu de mes deux yeux ! — on vous avait vendu, mes petits amours, et Galimand, pas si bête que vous, m'avait tout raconté ce matin...

— Ah! le gredin ! il me le payera !!...

— Il ne vous payera rien du tout, — je le prends sous ma protection, — il a bien compris que l'argent du banquier ne le mènerait pas loin, et qu'avant six semaines il aurait besoin de moi... — quant à vous mon ami Tircis, vous pouvez faire une croix sur ma porte et rayer de votre budget les jolis profits que vous réalisiez avec moi en dénichant des tourterelles à mon intention... — sans compter que je vais raconter à M. le Procureur impérial l'anecdote de ce matin... — un enlèvement avec toutes les circonstances... — ça l'intéressera, ce magistrat !...

— Ah ! m'ame Brancador, — balbutia Tircis d'un air consterné, — vous ne ferez pas cela...

— Bah'... et qui donc m'en empêchera?..

— Jamais, au grand jamais, vous ne vous décideriez à causer du chagrin aux amis...

— Ils sont jolis, les amis!...

— Je ne parle point pour Léonidas, — c'est un coquin, — il a tout arrangé, — mais, moi, ce n'est pas de ma faute, — je suis l'innocence même!!...

— Ce qui est dit, est dit.

— Ma bonne m'ame Brancador, j'aimerais mieux en périr par le poignard ou par le poison que de me brouiller avec vous!...

— Alors, jetez-vous à l'eau, et que ça finisse...

— Laissez-vous attendrir !...

— Vous n'avez qu'un moyen de rapapillotter vos affaires..

— Lequel, parlez vite!!...

— C'est d'être avec moi d'une entière franchise...

— Je serai vrai comme la vérité... dans son costume le plus inconvenant.

— Eh bien! vous allez me dire où l'on a conduit la jeune fille.

— A Neuilly, parbleu!

— Eh! je le sais bien, mais Neuilly est

grand. — Trouvez donc quelque chose en cherchant au hasard; — autant vaudrait essayer de récolter une aiguille dans une botte de foin..

— Une petite maison blanche, avec des volets verts, — à gauche, avant le pont, — derrière Saint-James...

— Vous ne mentez pas?

— Voulez-vous que je vous conduise? vous verrez bien si je mens.

— Ce n'est pas nécessaire, — je vous crois. — Combien Léonidas vous a-t-il donné?

— Un billet de mille, à partager entre nous trois.

— Et vous vous laissez flouer comme ça!!

— Flouer??

— Eh! oui, triple sot!! — Léonidas en avait touché deux mille... au moins...

— Pas possible!

— J'en réponds.

— Ah! si j'avais su!...

— Eh bien, vous savez, maintenant.

— Le gueux!.. — Je lui ferai son affaire!!...

— Une querelle ! — mauvaise idée, — vous serez battu.

— Mais, pourtant, la chose ne peut pas se passer comme ça !...

— Voulez-vous que je vous dise ce qu'il faut faire?

— Mais je le crois bien, que je le veux !...

— Vous voyez cette lettre? — dit la Brancador en tirant de sa poche un billet cacheté.

— Parfaitement.

— Vous allez la prendre...

— C'est fait.

— Et la porter...

— *Subito!...* — Mais où ? - Il n'y a pas d'adresse.

— A Neuilly, — à la petite maison dont vous venez de me parler:

— Convenu.

— Vous verrez la jeune fille.

— Oui.

— En cachette

— C'est facile.

— Et vous lui remettrez cette lettre mystérieusement.

— Parfait! parfait! parfait!...

— Il est indispensable que Léonidas ne se doute de rien.

— Il n'y verra que du feu.

— Alors, j'oublierai vos erreurs, et vous rentrerez dans mes bonnes grâces.

— Voilà le plus cher de mes vœux!...

— Maintenant, filez vite.

— C'est donc tout?

— Oui.

— Et qu'est-ce qu'il y a au bout?

— Vingt-cinq louis aujourd'hui, si la chose est bien faite, et autant demain matin.

— Diable! — mille francs! — c'est peu, — d'autant qu'il faut dire adieu aux jaunets du banquier, j'imagine...

— On ne sait pas, — je ne dis ni *oui* ni *non*. — Dans tous les cas, rappelez-vous qu'en cas de refus ou de trahison, vous êtes sur la route de la cour d'assises...

Tircis haussa les épaules.

—Hein? — fit l'entremetteuse étonnée.

— Parlons sérieusement, m'ame Brancador. — Je tiens à rester de vos bons amis, et voilà ce qui me décide. — Mais, quant à la cour d'assises, c'est une *balançoire* un peu trop naïve. — Vous comprenez bien que si vous alliez porter plainte, vous, le procureur impérial commencerait par vous rire au nez, et finirait par vous faire empoigner très bien...

— Ah ! vous croyez cela ?

—Parbleu ! et vous le croyez aussi, parce que vous êtes une femme d'esprit.

— Et pensez-vous que le procureur impérial rirait au nez de Maurice Torcy, à qui j'irais tout raconter ?...

Tircis ne répondit pas.

— Il paraît que ça vous démonte, mon bonhomme, — poursuivit l'entremetteuse.

— C'est bon, — on se tait, et on obéit.

— A la bonne heure. — Je compte sur vous.

— Et vous avez raison. — Aujourd'hui, vingt-cinq louis, n'est-ce pas ?

— Oui, et autant demain matin.

— Quand vous verrais-je ?

— Ce soir, à huit heures.

— Où ?

— Chez moi.

— Me garderez-vous longtemps ?

— Peut-être.

— Mais, si Léonidas me réclame pour surveiller l'enfant ?

— Vous trouverez un prétexte pour sortir sans lui inspirer de soupçons.

— Quel prétexte ?...

— Ça vous regarde. — Si on vous paye, c'est pour que vous ayez de l'esprit.

— C'est bien, — on tâchera.

— Il ne s'agit pas d'essayer, — il faut réussir.

— On réussira.

— Partez, — soyez adroit, — et à ce soir.

— A ce soir, c'est entendu.

Tircis arrêta une citadine qui se dirigeait à vide vers la station du chemin de fer, et, après avoir pris congé de la Brancador avec des formes obséquieuses, il monta dans cette voiture, en disant au cocher :

- Barrière de l'Etoile, mon brave !...

XLIV

Le retour à Paris.

Ce même jour, vers neuf heures du soir, la voiture de M. de Vaunoy ramenait Maurice et Gilbert, rue Pigale, à la porte de la maison qu'ils habitaient.

Maurice nageait dans la joie, en entrevoyant devant lui tout un horizon de travaux lucratifs et attrayants.

La satisfaction de son ami rendait Gilbert rayonnant.

Les deux jeunes gens gravirent rapidement les cinq étages. — Maurice, au lieu de sonner, ouvrit la porte avec une petite clé qui ne le quittait jamais.

Dans l'antichambre ils trouvèrent Joseph en train d'allumer une lampe.

— Eh bien ! Joseph, — demanda Maurice, — y a-t-il quelque chose de nouveau ?... mademoiselle est-elle encore debout ?...

— Mademoiselle n'est pas rentrée, — répondit le valet.

— Pas rentrée !... — s'écria l'artiste en éprouvant une commotion plus vive que si quelque machine électrique lui eut déchargé tout son fluide en pleine poitrine.

— Pas rentrée ! — répéta-t-il, — mais elle est donc sortie ?

— Oui, monsieur.

— Tout à l'heure ?

— Oh ! non, monsieur... — il y a bien plus longtemps que cela...—mademoiselle est sortie un peu après midi...

— Seule ?

— Oh! non, monsieur...

— Mais, avec qui donc alors?...

— Avec un monsieur tout habillé de noir, que je ne connais pas.

— Et elle ne t'a chargé de rien pour moi?...

— Elle a laissé une lettre pour monsieur.

— Eh! malheureux idiot!... il fallait donc me dire cela tout de suite! — Voyons, où est-elle, cette lettre?

— Dans l'atelier, — sur la petite table de chêne. — Si monsieur le veut, je cours la chercher...

— Non, — reste, j'irai moi-même...

Et Maurice, prenant la lampe que Joseph venait d'allumer, entra dans l'atelier avec Gilbert.

Il saisit la lettre, la parcourut d'un seul regard et la passa à son ami.

Nous savons déjà ce que cette lettre renfermait :

— Tu as lu ? — demanda-t-il ensuite à Gilbert.

— Oui.

— Et, devines-tu ce que cela veut dire ?

— Mais il me semble que cela s'explique de soi-même... — répliqua Gilbert.

— Ainsi, tu crois à la réelle maladie de ce misérable Léonidas?...

— Mais, sans doute.

— Quoi! cette maladie si subite ne te paraît point étrange et invraisemblable?

— En aucune façon. — J'ai toujours pensé que l'inconduite d'un pareil homme devait indubitablement amener une mort prématurée.

— Tu as raison, et cependant j'ai beau commander à mon esprit d'être croyant...

— mon esprit refuse d'obéir... – je ne puis croire...

— Que supposes-tu dire ?

— Je suis assailli par les idées les plus sinistres...

— Quelles sont ces idées ?

— Il me semble qu'on a dû tendre un piége devant Léontine, et que la malheureuse enfant est tombée dans ce piége...

— Un piége ?... mais dans quel but ?

— Tu demandes dans quel but ?.. — Ne te rappelles-tu donc pas ce premier crime dont Léontine a failli être victime ?

—Mon ami, je t'en supplie, ne t'alarmes pas ainsi!... — domine ton exaltation!...

— Oh! Léontine!! Léontine!! — s'écria Maurice sans écouter Gilbert.—Où es-tu?... — où es-tu? — Mon Dieu, j'étais trop heureux!!

— Maurice, encore une fois, au nom du ciel, calme-toi!!

— Tu veux que je me calme, quand j'ignore ce que Léontine est devenue! — quand elle souffre sans doute loin de moi?... quand, sans doute, elle m'appelle, et que je ne puis pas accourir à sa voix!..—quand, peut-être, des misérables accomplissent en ce moment leurs hideux projets!...—Non,

non, il ne s'agit pas de se calmer et d'attendre !... il faut agir, — j'agirai...

Et, tout en prononçant ces paroles, Maurice prenait son chapeau et se disposait à sortir.

— Où vas-tu ? — lui demanda Gilbert.

— A la demeure de Léonidas, d'abord, — puis, ensuite, chez le commissaire... — puis, à la préfecture de police... — Il faut, si je n'ai pas retrouvé Léontine dans une heure, que cette nuit on fouille Paris tout entier...

— Veux-tu que je t'accompagne ?

— Non, — reste ici, je t'en prie.

— Pourquoi?

— Parce que, si Léontine rentrait pendant mon absence, il faut qu'elle trouve quelqu'un pour la recevoir... — En quittant le logement de Léonidas, et avant d'entreprendre toute autre démarche, je repasserai par ici...

— Soit, je t'attends...

— Oh! sois tranquille, tu n'attendras pas longtemps... je ne perdrai ni une minute, ni une seconde...

— Alors, va vite, et bonne chance!...

Maurice sortit, — ou plutôt il se précipita au dehors.

Au bout de trois quarts d'heure, à peu près, il revint.

Il était haletant, et son visage, fortement altéré déjà au moment de son départ, se décomposait de plus en plus.

— Rien ici, n'est-ce pas ? — demanda-t-il.

— Hélas ! non...

— Rien non plus là-bas.

— Ainsi, Léonida ?...

—N'est pas plus malade que nous... — on l'a vu ce matin dans la maison qu'il habite ; — il en est sorti en compagnie d'un autre misérable qui ne le quitte guère.... — Tu vois combien j'avais raison de croire à un piége et de redouter un malheur... — Je vais à la Préfecture de police...

— Mais, mon ami, on ne t'écoutera pas!!...

— Et pourquoi donc ne m'écouterait-on pas?...

— Tu n'as aucun droit sur Léontine, et d'ailleurs, jusqu'à présent, rien, absolument rien, n'indique la violence...

— Que faire, alors?... — mon Dieu!... que faire?... — s'écria Maurice en parcourant l'atelier avec une agitation et une fureur pareilles à celles d'une bête fauve enfermée dans une cage trop étroite.

— Il faut attendre, mon ami... attendre au moins jusqu'à demain...

— Attendre?... ainsi?... dans l'état ou me voilà?...

— Il le faut bien !

— Mais c'est impossible!...

— Pourquoi??

— Si la nuit doit se passer dans de semblables tortures, demain je serai mort, ou demain je serai fou !!...

Et de grosses larmes roulaient sur les joues livides de Maurice.

En ce moment, la sonnette de l'antichambre se fit entendre.

L'artiste s'arrêta brusquement, — il releva la tête, et une flamme soudaine jaillit de ses yeux.

— Ah! — balbutia-t-il d'une voix éteinte, — si c'était elle!...

Et, bondissant jusqu'à la porte qui de l'atelier donnait dans l'antichambre il ouvrit cette porte.

— Qui est-ce? — cria-t-il à Joseph.

— Une dame... — répondit ce dernier.

— Mademoiselle?...

— Non, monsieur, mais une dame qui vient de sa part.

— Où est-elle, cette dame?... qu'elle entre!... qu'elle entre!...

— Me voici, monsieur Torcy, — répondit une voix que Maurice connaissait déjà.

Et une femme voilée pénétra dans l'atélier.

— Parlez, madame... — dit vivement l'artiste, — si, en effet, vous venez de la part de Léontine, au nom du ciel, parlez!...

La visiteuse leva son voile.

Maurice tressaillit, et fit involontairement un pas en arrière, comme s'il venait de marcher sur un serpent ou sur quelque autre animal immonde.

Il reconnaissait l'entremetteuse.

— Vous! vous ici!... — cria-t-il; — ah! qu'y venez-vous faire?... — Malheur à vous, si c'est une mauvaise nouvelle que vous m'apportez!!...

— Eh! non! ce n'est pas une mauvaise nouvelle, — répliqua l'entremetteuse; — c'est au contraire une nouvelle que vous payeriez bien cher, et que je vais vous donner pour rien!...

XLV

Les rouéries de la Brancador

— Oui, une bonne nouvelle, — répéta la Brancador, — la plus excellente nouvelle qui se puisse imaginer pour un amoureux...

— Alors, madame, ce que je vous disais

tout à l'heure, je vous le dis encore... parlez !...

— Je viens vous tranquilliser et vous apprendre où se trouve en ce moment mademoiselle Léontine, parfaitement en sûreté...

— Ah! madame, si cela est vrai... si, par vous, j'arrive à sauver Léontine, — non seulement je vous pardonnerai vos infamies passées, mais encore je vous récompenserai d'une façon qui dépassera toutes vos espérances...

— Ah! monsieur Torcy, — répliqua la Brancador en faisant une grande révérence, — je m'en rapporte bien à votre générosité !...

— Mais enfin, enfin, où est-elle ?...

— Dans un endroit où on l'avait entraînée pour la perdre, et où, grâce à moi, elle n'a eu aucun danger d'aucune espèce à courir... — vous entendez bien : *grâce à moi!!* — je le répète, et je vous en donnerai la preuve...

— Expliquez-vous...

— Ce sera bien long! — n'aimeriez-vous pas mieux venir immédiatement rejoindre cette pauvre chatte qui sera si joyeuse de vous revoir ?...

— Certes!!

— Eh bien, si vous voulez m'accompagner, je vais vous conduire...

— A l'instant. — Joseph?...

— Monsieur?...

— Une voiture...

La Brancador intervint.

— Inutile! — dit-elle, — j'en ai une en bas.

— Ah! — fit Maurice d'un ton défiant.

— Soyez tranquille, — répondit l'entremetteuse qui comprit cette défiance, — vous pouvez vous fier à moi... — D'ailleurs, rien ne vous empêche d'emmener avec vous votre ami, et même votre domestique. — Vous voyez que je n'ai point d'arrière-pensée et que je me mets absolument entre vos mains...

— Partons! partons! — dit Maurice en se dirigeant vers l'escalier, suivi par la Brancador et par Gilbert.

Un coupé stationnait dans la rue.

Tircis était assis sur le siége, à côté du cocher.

Nos trois personnages prirent place dans la voiture, qui roula rapidement dans la direction de Neuilly.

§

Il est évident que nous devons à nos lecteurs une explication.

Cette explication, nous allons la leur donner à l'instant même et aussi brièvement que possible.

Comment et pourquoi la Brancador avait-elle si complètement changé de tactique à l'endroit de Léontine?

Dans quel but, au lieu de persister à vouloir jeter la jeune fille dans les bras de M. de Vaunoy, faisait-elle les plus louables efforts pour la rapprocher de Maurice?

Enfin, le regret du passé et quelques bons sentiments entraient-ils pour une part petite ou grande dans cette brusque volte-face?

Telles sont les trois questions que nous avons à résoudre.

Et, tout d'abord, nous pouvons répondre par une négative absolue à la troisième de ces questions.

En apprenant par la délation intéressée de Galimand que Léonidas avait résolu de se passer d'elle et de la frustrer ainsi de la *juste et légitime* rémunération de ce qu'elle nommait ses soins et ses peines, la Brancador avait conçu le projet de se venger.

Mais il importait fort, pour cette âme vénale, que la vengeance fut lucrative.

Ajoutons à ce désir si naturel le souvenir encore très présent d'une certaine visite de Maurice Torcy, visite à laquelle nous avons fait assister nos lecteurs, et la crainte fort bien fondée que le jeune homme ne vint à réaliser les menaces formulées par lui dans cette circonstance.

L'entremetteuse était parfaitement convaincue que Maurice, désespéré et exaspéré par la disparition de Léontine, n'hésiterait pas à porter plainte.

Évidemment, — dans cette plainte, elle, la Brancador, serait placée en tête de la liste des coupables présumés.

Or, de trop fréquents démêlés avec la

justice faisaient redouter plus que tout au monde à la digne femme, une nouvelle comparution devant un juge d'instruction.

Elle comprenait à merveille que, quoique parfaitement étrangère à l'affaire du rapt, elle n'en aurait pas moins à rendre compte, — et un compte effroyablement sévère, — de l'emploi du narcotique qui avait failli tuer Léontine.

Bref, une fois dans les mains de messieurs du parquet, comment en sortirait-elle ? — et même en sortirait-elle ?...

La Brancador se dit tout cela en beaucoup moins de temps que nous n'en avons mis à l'écrire.

Comme la plupart de ses collègues, l'entremetteuse avait un esprit délié et subtil, elle possédait une certaine adresse, une grande habitude de l'intrigue, et le désir, développé outre mesure, de manger à tous les rateliers et de recevoir de toutes mains.

Elle entrevit la possibilité, non-seulement de se tirer complètement d'affaire, mais encore de se venger de Léonidas, et, de spéculer sur deux personnes à la fois.

Son plan fut promptement arrêté ; et, bien que connaissant d'avance la plus grande partie des détails de l'enlèvement, elle ne s'opposa en aucune façon à l'exécution de cet enlèvement.

Seulement elle passa chez le banquier, au moment où il venait de partir avec Maurice et avec Gilbert, et elle laissa pour lui une lettre dans laquelle elle le priait, de la façon la plus instante, de venir chez elle au moment précis de son retour d'Essonne.

Elle avait à lui faire, – disait-elle, – une communication de la plus extrême importance et qui ne souffrait pas de retard.

Le nom de Léontine, adroitement mêlé à quelques phrases ambiguës, devait infailliblement persuader au vieil amoureux que la jeune fille se trouvait chez la Brancador.

Ce n'est pas tout.

Nous avons vu l'entremetteuse remettre à Tircis une autre lettre, avec l'ordre de la porter immédiatement à la petite maison de Neuilly, et de la donner à Léontine à l'insu de Léonidas.

Le but de cette lettre était de rassurer la jeune fille sur les conséquences de sa situation, et de lui promettre qu'avant la fin de la journée Maurice Torcy viendrait à son aide.

Disons tout de suite que Tircis, moitié par cupidité et moitié par frayeur, s'acquitta fort consciencieusement et fort adroitement de sa commission.

L'épître de l'entremetteuse à M. de Vaunoy fut également remise, au moment où le banquier, revenant d'Essonne, descendait de voiture.

Cette épître produisit son effet.

M. de Vaunoy remonta dans son coupé et se fit conduire aussitôt à l'angle de la rue Neuve des-Mathurins et de la rue Mogador.

De là il ne fit qu'un saut jusque chez l'entremetteuse.

Cette dernière l'attendait de pied ferme.

Elle commença par lui prouver qu'elle savait sur le bout du doigt tous les détails de la nouvelle intrigue ourdie par Léonidas et par Galimand, dans le but de lui livrer Léontine.

Elle traita ensuite, avec toute l'habileté d'un jurisconsulte émérite, les questions de rapt, de violence, de détournement de mineure, au point de vue de la pénalité légale.

Bref, elle effraya le banquier en faisant passer sous ses yeux les conséquences terribles et scandaleuses d'unepareille affaire, ardemment poursuivie par Maurice Torcy.

Elle lui fit envisager en outre l'état de dépendance honteuse et incessante dans lequel le tiendraient ses misérables complices, en admettant, — chose improbable, — qu'il parvint à échapper à toutes poursuites judiciaires.

Elle entassa les démonstrations d'attachement, — les protestations de dévoûment et de désintéressement.

Et, enfin, elle réserva pour sa péroraison, le portrait, touché de main de maître, des charmes irrésistibles d'une jeune actrice, aussi jolie que Léontine, beaucoup moins prude, et notablement pourvue de ces appas provoquants que les Orientaux apprécient, et que les vieux libertins ne dédaignent point.

Cette jeune comédienne, — avons-nous besoin de le dire? — était Paméla.

Ne fallait-il point récompenser Galimand de son utile délation.

Ah! madame Braucador avait bien raison de l'affirmer, — mieux valait être de ses amis que de ses ennemis!!

Toutes ces considérations, ainsi présentées, produisirent sur M. de Vaunoy un très grand effet

Il était sensuel, — mais il était poltron.

Il sacrifiait beaucoup à ses passions de vieillard lubrique, — mais le scandale lui faisait une horrible frayeur.

A la seule pensée de se voir assis sur les bancs de la cour d'assises, — lui l'un des rois de la banque parisienne ! — ceux de ses cheveux qui lui appartenaient se dressaient d'épouvante sur son crâne !

D'un autre côté, il éprouvait pour Léontine un caprice très vif, mais point du tout une de ces passions terribles qui, du cœur d'un vieillard, fait parfois un volcan...

Et puis, l'image de la nouvelle merveille que lui promettait l'entremetteuse, était si séduisante...

Bref, le banquier se laissa persuader et prit rendez-vous avec la Brancador, pour la présentation officielle de mademoiselle Paméla.

Aussitôt que le banquier fut parti, l'entremetteuse, enchantée du premier résultat qu'elle venait d'obtenir, prit rapidement le chemin du logis de Maurice, et nous l'avons vue mettre en scène la seconde partie de sa combinaison machiavélique.

XLVI

La maison isolée.

Rejoignons maintenant, si vous le voulez bien, ceux de nos personnages qui roulent rapidement sur la route de Neuilly.

Il était un peu plus de dix heures et demie, au moment où la voiture, rapidement menée, arrivait à la barrière de l'Étoile et s'engageait dans cette longue avenue qui aboutit au pont de Neuilly, après avoir cotoyé une partie du bois de Boulogne.

La soirée était magnifique.

Des myriades d'étoiles rendaient la nuit lumineuse, et faisaient ressembler le ciel parisien aux plus beaux ciels d'Italie.

La brise printanière était tiède, et toute chargée des parfums des arbres en fleurs.

Le coupé, pour éviter la poussière des bas côtés de la route, courait sur la chaussée pavée, et menait si grand bruit que toute conversation était impossible entre madame Brancador et les deux amis.

Seulement, de temps à autre, Maurice témoignait de son impatience et de son anxiété par quelque brusque exclamation qu'il n'était point le maître de réprimer.

Au moment d'atteindre la tête du pont, la voiture s'arrêta :

— Sommes-nous arrivés ? — demanda Maurice.

— Pas encore... — répondit l'entremetteuse ; — mais il faut faire le reste de la route à pied, afin de ne point risquer de donner l'éveil à Léonidas...

— Et sommes-nous loin du but ?

— A dix minutes de chemin, tout au plus...

Tircis et la Brancador marchèrent en avant. — Maurice et Gilbert les suivirent.

Les dix minutes annoncées n'étaient pas encore écoulées complètement, quand Tircis fit halte en disant :

— Nous y voici.

En ce moment, l'enceinte de Saint-James se trouvait à gauche, et l'on voyait, sur la droite, une maisonnette blanche, à demi cachée derrière des massifs de grands arbres.

Il n'y avait pas de muraille de clôture, mais seulement une haie d'aubépines, fort bien entretenue, artistement taillée, et formant une défense véritablement formidable.

Une porte rustique, située en face de l'entrée de la maisonnette, donnait accès dans le jardin.

Maurice essaya de pousser cette porte.

Elle était fermée à clé, et semblait parfaitement solide.

— Comment faire? — demanda-t-il.

— C'est bien simple, — répondit Tircis en mettant une clé dans la serrure; — vous voyez que ça n'est pas plus difficile que ça!...

En effet, la porte rustique tourna sans bruit sur ses gonds.

Nos quatre personnages pénétrèrent dans l'enceinte.

De la route à la maisonnette, il y avait tout au plus deux cents pas.

La façade, fort élégamment construite,

n'avait qu'un rez-de-chaussée et qu'un premier étage.

Une clarté faible et presque indistincte brillait à l'une des fenêtres du premier.

Une lueur plus vive, mais bizarre, intermittente, et d'un aspect véritablement diabolique, apparaissait à travers les vitres du rez-de-chaussée.

— Qu'est-ce que ça peut donc être que cette lumière-là ?... — dit la Brancador fort intriguée.

— Oh ! moi, je devine... — répondit Tircis en riant.

— Alors, je demande une explication.

— Parbleu! ils font du punch... — Je mettrais ma tête à couper que c'est tout bonnement ça!...

— Ils font?... — répéta Maurice en appuyant sur le pluriel; — il y a donc dans cette maison plusieurs hommes?

— Il y a Galimand avec Léonidas, — dit la Brancador; — mais ne vous inquiétez pas de Galimand, qui ne se trouve là que pour la frime; — il est pour nous. — C'est lui qui m'a vendu la mèche... — Maintenant, avançons si vous voulez...

La Brancador donna l'exemple, et ses compagnons la suivirent.

Tous les quatre s'approchèrent de l'une des fenêtres à travers lesquelles on voyait luire et disparaître ces lueurs intermittentes dont nous parlions tout à l'heure.

Ils purent s'assurer alors, par leurs propres yeux, que Tircis, garçon fort expérimenté en ces sortes de matières, ne s'était pas trompé dans ses conjectures.

Dans une pièce qui servait de salle à manger, Léonidas et Galimand étaient assis en face l'un de l'autre, séparés par une table sur laquelle se trouvait un immense saladier rempli de rhum enflammé, que Léonidas agitait avec une cuillère à potage.

Quatre ou cinq bouteilles vides, placées

à côté du saladier, indiquaient d'une façon incontestable la capacité du récipient.

Un pain de sucre décapité, — des citrons dont le zeste et le jus avaient été enlevés, — des paquets de cannelle et de petits monceaux de clous de girofle, prouvaient jusqu'à l'évidence que le punch préparé par ces amateurs émérites devait être un punch hors ligne.

De minute en minute Léonidas interrompait sa besogne pour remplir le verre de Galimand et le sien.

Puis, tous deux, comme si leurs gosiers eussent été doublés de fer blanc, avalaient, sans s'y reprendre à deux fois, le liquide presque incandescent.

Léonidas semblait déjà plus qu'à moitié gris.

Son visage pâle et flétri, sur lequel tranchait son nez que la boisson empourprait, éclairé par les flammes bleuâtres du punch, offrait un aspect presque satanique.

Dans les rares moments où il ne buvait pas, on l'entendait chanter à tue-tête :

> Avait pris femme
> Le sir de Franc-Boisy !...

> Avait pris femme
> Le sir de Franc-Boisy !...
> La prit trop jeune,
> Le sir de Franc-Boisy !...
> La prit trop jeune !...
> Bientôt s'en repentit !!...

Puis il s'interrompait pour boire de plus belle, et pour donner de grands coups de poings sur la table.

— Ah ! — murmura Maurice à demi-voix. — Si ce misérable n'était pas le père de Léontine...

Il n'acheva pas sa phrase.

Mais la Brancador l'avait entendu.

— Eh bien ! qu'est-ce que vous feriez ?
— lui demanda-t-elle.

— J'éprouverais une volupté bien vive à lui casser un peu les reins...

La Brancador se frotta joyeusement les mains.

— Eh bien ! monsieur Maurice, — répliqua-t-elle, — que rien ne vous empêche de vous en payer la fantaisie...

— Quoi ?... Comment ?... Que voulez-vous dire ?... — balbutia Maurice, n'osant pas comprendre ce qu'il entendait.

— Parbleu ! je veux dire que Léontine

n'est pas plus la fille de Léonidas que la mienne...

— Et c'est vrai ?... bien vrai, cela ?... — demanda le jeune homme avec un transport de joie facile à comprendre... — Vous ne vous trompez pas ?... — Vous ne me trompez pas ?...

— Foi de Brancador! — je vous autorise à me casser les reins, comme à Léonidas, si je mens!...

Complètement rassuré par cette affirmation qui, en effet, ne pouvait laisser subsister dans son esprit l'ombre d'un doute, Maurice se hâta d'arracher un long bâton fiché dans la plate-bande et qui servait de tuteur à un magnifique rosier du Bengale.

Il tendit ce gourdin improvisé à Gilbert, et il en arracha un second pour lui-même.

— Maintenant, — dit-il à la Brancador, — entrons...

— Attendez donc! — répliqua l'entremetteuse, — à quoi ça sert-il de manœuvrer avec effraction et escalade, quand on peut s'en dispenser...

— Mais, comment?...

— C'est l'affaire de Tircis... — Dissimulons-nous derrière l'angle de la maison, et vous allez voir...

Les deux jeunes gens suivirent le conseil et l'exemple de la Brancador.

Aussitôt qu'ils eurent disparu, Tircis frappa deux ou trois petits coups contre la vitre.

Léonidas, surpris à l'improviste, fit un bond sur sa chaise, et son mouvement fut si brusque que la cuiller à potage, violemment agitée dans le saladier rempli de punch, fit jaillir le breuvage incandescent sur la table et sur le parquet, comme une nappe enflammée.

Ce simulacre d'incendie s'éteignit d'ailleurs presque aussitôt sans avoir causé le moindre dégât.

Le reste du punch s'éteignit en même temps, et la chambre se trouva plongée dans une obscurité presque complète, car la mèche fumeuse d'une unique chandelle ne servait qu'à rendre les ténèbres visibles.

— Qui va là ? — cria Léonidas d'une voix que l'ivresse rendait encore plus rauque et plus saccadée que de coutume.

— Moi ! pardieu !...

— Qui, toi ?...

— Tircis... — Allons, ouvrez donc!...

— Ah! c'est toi, mon ami Tircis!... Ah! c'est toi!.., — balbutia Léonidas en se dirigeant, d'un pas chancelant, vers la porte de sortie de la salle à manger.

Les deux jeunes gens et la Brancador quittèrent leur abri et se rapprochèrent de Tircis.

On entendit tirer les verroux de la porte d'entrée.

La clé tourna une première fois dans la serrure.

— Es-tu seul?... — demanda Léonidas depuis l'intérieur...

— Eh! oui, certes! je suis seul...—Avec qui serais-je?...

La clé tourna une seconde fois.

La porte s'ouvrit, et le vieux modèle, fort mal affermi sur ses jambes titubantes, parut sur le seuil.

En ce moment, Maurice était derrière Tircis.

D'un mouvement rapide il écarta ce dernier, et, sautant à la gorge de Léonidas, il fit pleuvoir sur son dos une grêle de coups de bâton, en répétant d'une voix sourde et étranglée par la fureur :

— Tiens, misérable!... tiens!... tiens!... tiens!... tu ne l'as pas volé!!...

— A l'assassin! — hurlait Léonidas en se débattant vainement sous la formidable étreinte du jeune peintre qui frappait toujours.

— Ne le tuez pas!! — ne le tuez pas!! — dit la Brancador, — ça vous mettrait une vilaine affaire sur les bras!...

— Vous avez raison... — répondit Maurice. — D'ailleurs il doit en avoir assez, et je crois que la leçon sera bonne...

Et repoussant le vieux gredin de toute la force de son bras, il l'envoya rouler à dix pas, comme une masse inerte, sur la terre fraîchement bêchée d'une plate-bande.

Léonidas ne criait plus et ne se releva pas.

— Pourvu qu'il ne soit pas mort... — fit Gilbert.

— Allons donc! — répliqua l'artiste, — c'est tout au plus s'il est étourdi!... ces bêtes venimeuses ont la vie dure!... — D'ailleurs, nous verrons tout à l'heure, — maintenant, allons au plus pressé...

Et, tout en parlant ainsi, il pénétra dans la maison, entra dans la salle à manger, saisit sur la table la chandelle fumante et demanda :

— Où est Léontine ?

— Dans une chambre au premier étage... — répondit Tircis. — Je vais vous montrer le chemin...

Beaucoup moins d'une demi-minute après ces derniers mots échangés, Maurice avait franchi les marches de l'escalier. — La porte de la chambre qui servait de prison à la jeune fille était ouverte, et Léontine se jetait dans les bras de son amant.

En face de certaines joies délirantes, toute plume de romancier, — même lorsque cette plume se croit habile, — est bien forcée de reconnaître sa complète impuissance.

Le cœur de mes charmantes lectrices comprendra sans peine ce que je n'essaierai même pas de décrire.

Après les premiers transports de ce bonheur surhumain, Léontine se souvint de ces cris qui, quelques minutes auparavant, avaient frappé son oreille et dans lesquels elle avait reconnu la voix de Léonidas.

— Et mon malheureux père... — balbutia-t-elle, — que lui est-il arrivé ?

— Réjouissez-vous, chère bien aimée, — répondit vivement Maurice. — Réjouissez-vous, car ce misérable n'est pas votre père !...

— Mon Dieu!... mon Dieu!... est-ce bien possible!... Oh! ce serait trop de bonheur!... trop de bonheur en un jour!...

XLVII

Faits Paris.

— Oui, certes, c'est un bonheur! un immense bonheur! — s'écria Maurice; — et cependant vous pouvez y croire, ca c'est la vérité!...

Le moment d'une complète explication était venu.

La Brancador, interrogée par les jeunes gens, entra dans tous les détails nécessaires, et, répétant les paroles prononcées par Léonidas lui-même dans une circonstance que nos lecteurs n'ont point oubliée, elle prouva de la manière la plus péremptoire que les liens du sang n'attachaient en aucune façon la jeune fille au vieux modèle.

Léontine, en acquérant cette certitude, sentit une immense joie déborder dans son âme.

Cet être vil et infâme — qu'elle ne

pouvait, malgré tout, que haïr et mépriser, — cet être n'était point son père !...

Cette haine instinctive, ce mépris involontaire, qu'elle avait considéré jusqu'alors comme des sentiments odieux et contre nature, devenaient naturels et légitimes.

Le lourd fardeau de remords qui jusquelà avait écrasé le cœur de la jeune fille, s'évaporait sans laisser de trace, ainsi qu'une vapeur légère.

Léontine tomba à genoux et remercia Dieu.

Quand elle se releva après son ardente action de grâce, l'adorable bonté de son âme angélique se manifesta.

— Mon ami, — dit-elle à Maurice, — il faut plaindre ce malheureux et lui pardonner... — C'est une étrangère qu'il voulait perdre, et non sa propre fille; — il est cent fois moins coupable que nous ne le pensions d'abord...

— Que votre volonté soit faite, chère enfant bien-aimée, — répondit l'artiste. — Ce *malheureux*, puisque c'est ainsi que vous l'appelez, n'a pu mener à bien ses infâmes projets..... — Je lui pardonne comme vous lui pardonnez vous-même...

— Vous renoncez à tirer de lui quelque vengeance que ce puisse être?...

— J'y renonce.

— Si l'occasion de lui venir en aide se présente, vous le ferez?...

— Oui, puisque vous le voulez.

— Vous me le promettez?

— Je vous le promets.

— Vous me le jurez?

— Je vous le jure.

— Merci de ce double sacrifice, mon ami, — merci de toute mon âme... — Et, maintenant, que ce rôle d'abnégation et de charité que vous acceptez commence sans retard... — venez voir si les suites de votre violence de tout à l'heure n'ont pas été plus graves que vous ne le croyiez vous-même...

— Allons où vous voudrez, ma chère bien-aimée... — Pour moi, vous entendre c'est obéir...

Léontine et Maurice quittèrent la chambre du premier étage, et, suivis de Gilbert, de Tircis et de la Brancador, ils se dirigèrent vers cette plate-bande sur laquelle avait roulé le corps de Léonidas.

Ce corps avait disparu.

On voyait, modelée en creux, son empreinte, à la place qu'il avait occupée; — mais cette empreinte et une pipe cassée en trois ou quatre morceaux, voilà tout ce qui restait de lui.

Des pas chancelants, imprimés à des distances inégales sur la terre humide, prouvaient jusqu'à l'évidence que Léonidas, un instant étourdi, s'était relevé bien vite, et qu'il s'était dirigé vers la porte de sortie qui donnait sur le chemin.

Il devenait inutile de chercher à suivre ses traces, et l'on cessa de s'occuper de lui.

§

Trois jours après, la conversation suivante avait lieu entre madame Brancador et l'honorable Galimand, le père de l'heureuse Paméla, à qui M. de Vaunoy, ivre de voluptés d'une catégorie supérieure, prodiguait les bijoux et les châles des Indes, en attendant qu'il lui offrît un petit hôtel, deux chevaux et une victoria, — ce qui ne pouvait tarder, du moins c'était l'avis du père et de la fille.

— Ah! ah! ah! mam' Brancador, — disait Galimand, — vous ne savez pas...

— Qu'est-ce que je ne sais pas?

— Léonidas...

— Eh bien?...

— Eh bien! z'il est vraisemblablement

véritable que le pauvre diable z'a *cassé sa pipe*....

— Vous dites ?...

— Je dis que je parierais deux œufs durs contre cent z'écus de bon argent qu'il a *claqué*...

— Pourquoi supposez-vous cela ?

— Parce que depuis l'affaire de Neuilly, on n'a point z'évu de ses nouvelles...

— Ah ! bah !!...

— C'est comme ça. — Z'il n'a point reparu z'à son domicile, non plus que dans les *estam* qu'il avait l'habitude de fréquenter, z'et t'à moins qu'il ne se fusse fait z'enlever par z'une dame de la haute, z'ou par une forte marchande de marée z'en gros, ce qui m'étonnerait, il doit z'avoir *éteint son gaz...*

— Ah! bien, ma foi, tant pis pour lui; — c'est une fameuse canaille de moins!...

— Mam' Brancador, vous avez raison...

Le surlendemain du jour où ces quelques paroles avaient été échangées entre ces deux misérables, à propos d'un troisième gredin, on lisait dans les journaux de Paris, à l'article *Faits divers,* les lignes suivantes :

« Hier, des pêcheurs, en retirant leurs

filets dans les environs du pont de Neuilly, ont amené dans leur barque, avec autant de surprise que d'épouvante, un cadavre dans un état de décomposition tres avancée. — Ce cadavre, autant qu'on en peut juger, est celui d'un homme de cinquante à soixante ans, vêtu avec une certaine élégance, et porteur d'une longue barbe noire.

» Cette mort ne peut s'attribuer qu'à un accident ou à un suicide, car une circonstance que nous allons rapporter éloigne complètement l'idée d'un crime. Dans la poche de côté de la redingote se trouvait un billet de mille francs que le portefeuille de cuir dans lequel il était renfermé avait préservé du contact de l'eau. — En outre, la poche du gilet contenait une certaine quantité de pièces d'or.

» Du reste, ni le portefeuille ni les vêtements n'offraient d'indice de nature à faire reconnaître le cadavre, qui vient d'être transporté à la Morgue. » —

Deux jours se passèrent.

Le troisième jour parut un deuxième *fait divers* ainsi conçu :

« Le noyé dont nous avons entretenu nos lecteurs avant-hier vient d'être reconnu à la morgue. — Ce malheureux se nommait Aubry, et il exerçait la profession de modèle. — Il était très connu dans les ateliers sous le sobriquet de *Léonidas*. — On retrouve, dit-on, ses traits dans plusieurs tableaux des maîtres les plus illustres de ce temps-ci, Delacroix, Paul Delaroche, Decamps, Horace Vernet, etc... — Sa conduite, d'ailleurs, était loin d'être régulière, il s'adonnait à l'ivrognerie et c'est sans doute étant en état d'ivresse qu'il sera tombé dans la Seine. — On ignore l'origine des sommes assez importantes qu'il avait sur lui. »

Les suppositions, émises en fort mauvais style par le rédacteur des articles que nous venons de citer étaient entièrement conformes à la vérité.

Léonidas, abruti tout à la fois par la

frayeur et par le punch pris à trop haute dose, s'était enfui dans l'obscurité sans savoir où il allait, et, prenant la Seine pour le grand chemin, il avait rendu sa vilaine âme au diable, qui dût se trouver fort embarrassé d'une aussi laide acquisition.

§

Éloignons nos regards de ce hideux objet et reportons-les bien vite sur le gracieux tableau qui s'offre à nous.

L'église Notre-Dame-de-Lorette est pleine de lumières et de parfums.

Deux jeunes gens, — amants tout à

l'heure et maintenant époux, — viennent de recevoir la bénédiction nuptiale.

Une foule de curieux encombre la nef.

Les femmes s'occupent du jeune mari et murmurent tout bas :

— Qu'il est bien !..,

Les hommes regardent la mariée et disent tout haut :

— Quelle est belle !...

C'est qu'en effet jamais couple plus charmant n'a mis le pied d'un air plus radieux sur le seuil enchanté du bonheur légitime...

Maurice Torcy, — car nos lecteurs ont reconnu déjà Maurice et Léontine, — Maurice Torcy attache sur sa douce compagne ses yeux pleins d'ardeur et d'espoir. — Léontine lui répond par un enivrant sourire...

Ils sont heureux... — oh! bien heureux!...

Le seront-ils toujours ?

La suite de cette histoire nous l'apprendra peut-être.

FIN DE LA QUATRIÈME PARTIE.

CINQUIÈME PARTIE

MADEMOISELLE PAMÉLA

I

Le baron à Paris.

Nos lecteurs se souviennent sans doute, — du moins nous aimons à nous bercer de cet espoir peut-être décevant, — que, dans le courant de la troisième partie de ce livre, nous les avons fait assister au départ du baron de Piriac pour Paris.

Le baron était appelé dans la grande ville par un motif des plus légitimes.

Une lettre signée par l'un des principaux notaires de la capitale, venait d'apporter la nouvelle que le cousin germain du baron, André-Nicolas-Rieux, — cousin à peu près inconnu, — venait de mourir dans sa soixante-huitième année, célibataire et sans enfants, et qu'il laissait par testament, à son noble parent de Bretagne, un legs d'environ cinquante mille francs.

Il ne s'agissait, pour être mis en possession, que de choisir un mandataire et d'envoyer à ce mandataire une procuration bien en règle.

Nous savons, — et nous l'avons dit déjà, — qu'il entrait parfaitement dans les idées du baron de Piriac, de renier un cousin issu d'une mésalliance, dont l'origine plébéienne était une tache pour la famille, et dont la position de commerçant ne se pouvait accepter par l'aristocratie bretonne.

Mais, du moment que ce cousin était mort, — du moment surtout qu'il s'agissait de prendre part à la curée de son héritage, — le baron ne songea pas un seul instant à décliner la parenté et à refuser le legs.

Seulement, — imbu de cette vérité : que les affaires les mieux faites sont celles que l'on fait soi-même, — M. de Piriac décida qu'au lieu d'envoyer une procuration à un mandataire, peut-être inexact, ou même infidèle, il agirait beaucoup plus sagement en allant lui-même à Paris.

La certitude de palper une somme assez ronde, et qui lui tombait réellement du ciel, ragaillardissait singulièrement le vieux gentilhomme.

D'ailleurs il entendait chaque jour conter tant de merveilles de ce Paris, — qu'il n'avait fait qu'entrevoir vingt-cinq ou trente ans auparavant, — qu'il n'était point fâché de juger un peu les choses par lui-même, et que la perspective de ce petit voyage lui souriait fort.

Nous l'avons vu partir.

Nous ne l'accompagnerons point dans le wagon de troisième classe où il se logea à Nantes, par raison d'économie, et nous nous contenterons de le rejoindre, aussitôt après son arrivée, dans un petit hôtel garni de la rue des Trois-Frères.

Le baron, quelque peu fatigué par une nuit sans sommeil, passée sur une banquette nullement rembourrée, se fit donner la chambre la plus modeste de l'étage le plus élevé de l'hôtel, après avoir longuement discuté le prix de la location de cette chambre pour une quinzaine, - et, après s'être assuré qu'il était tout à fait impossible de se procurer des galettes de sarrazin, ou des *grous*, il demanda pour tout déjeûner une tasse de café au lait, accompagnée d'un petit pain, *sans beurre*.

Après avoir absorbé ce frugal repas, M. de Piriac dormit pendant quelques heures.

Quand il se réveilla, il était trop tard pour aller chez le notaire. — Il sortit et se dirigea vers le Palais-Royal qu'il eut toutes les peines du monde à trouver, et qui lui parut singulièrement déchu, depuis l'époque ou il l'avait visité jadis, au beau temps des galeries de bois, des maisons de jeu, et des nymphes décolletées du jardin.

Le baron dîna dans un de ces restaurants à prix fixe qui fournissent, pour quarante sous, une nourriture malsaine et peu abondante et il consacra le reste de sa soirée à visiter les *embellissements* de Paris.

Le lendemain matin, au point du jour, il allait chez le notaire, et à son grand étonnement il trouvait l'étude parfaitement fermée, et il apprenait, non sans scandale, que messieurs les clercs n'arrivaient jamais avant neuf heures du matin.

— En vérité! — pensa le baron, — il faut bien convenir que ce grand Paris est, par excellence, la ville de la fainéantise!!...

Quelques heures plus tard il rencontrait enfin le tabellion chargé de l'exécution du testament de Nicolas Rieux et il entrait en possession de cinquante billets de banque, de mille francs chacun, représentant le montant du legs.

Ses affaires se trouvant ainsi terminées, le baron résolut de se divertir, — à la condition bien entendu, que ce serait au meilleur marché possible.

Les affiches des différents théâtres l'avaient vivement affriandé par la diversité et la bizarrerie des titres qui les bariolaient.

Le baron avait envie d'aller au spectacle, mais, à coup sûr, ce plaisir doublerait pour lui de valeur s'il en pouvait jouir sans bourse délier...

Comment faire ?...

Le baron pensa à la lettre de mademoiselle Olympe de Coësnon, dont il s'était chargé, et il résolut de la porter sans retard chez le journaliste, qui étant en même temps, ainsi que nous le savons, auteur dramatique, devait jouir dans les théâtres d'un crédit illimité.

En conséquence, M. de Piriac retourna prendre dans sa valise la lettre de la vieille et digne Bretonne, et se dirigea vers la rue du Faubourg-Montmartre.

La maison qui portait le numéro indiqué était une fort belle maison, de l'aspect le plus aristocratique.

— Monsieur Georges de Coësnon? — demanda le baron au concierge.

— C'est ici.

— Est-il chez lui?

— Je crois bien que oui... — je ne l'ai pas vu sortir... — dans tous les cas vous trouverez quelqu'un...

— A quel étage?

— Au second, — la grande porte sur le carré.

M. de Piriac s'engagea dans un large escalier à rampe dorée, tout en se disant à lui-même :

— Tiens! tiens ! tiens!... mais il paraît que ce folliculaire ne demeure pas dans une mansarde!... c'est particulier!!... où diable prend-il de l'argent??

Arrivé devant la porte indiquée, — porte à deux battants en imitation de bois d'érable, — le baron hésita avant d'agiter la grosse torsade de soie verte, terminée par un énorme gland et servant de cordon de sonnette.

— Ceci est une porte d'ambassadeur! — pensa-t-il, — il est impossible que le portier ne m'ait point induit en erreur!...

Cependant, — comme il était bien au second étage, — il sonna.

Un petit groom, — haut comme la botte d'un postillon, — et vêtu d'une veste rouge, d'une culotte de panne et de guêtres grises, — vint ouvrir.

L'expression spirituelle et rusée de sa figure qui n'avait rien d'enfantin, contrastait avec l'exiguité de sa taille.

— Que désire monsieur ? — demanda-t-il au visiteur.

— Mon petit ami, — répondit le baron, — je crois bien que je me suis trompé d'étage.

— Chez qui va monsieur ?

— Chez M. Georges de Coësnon.

— Monsieur ne s'est pas trompé, — c'est ici.

— Ah! bah!.. et votre maître est-il chez lui?...

— Oui, monsieur.

— Et, peut-on le voir?

— Monsieur est très occupé et ne reçoit pas en ce moment... — cependant, si monsieur veut prendre la peine d'entrer dans l'antichambre et de me donner sa carte, je la porterai à monsieur...

Et le groom s'effaçant, laissa pénétrer

dans l'antichambre M. de Piriac tout étourdi de l'aplomb précoce du valet lilliputien.

— C'est que, — répliqua le baron en fouillant dans son portefeuille pour chercher quelque chose qu'il savait fort bien n'y pas trouver, — c'est que, je n'ai point de carte sur moi...

— Alors, — reprit le groom en désignant un petit guéridon de chêne, — voici du papier et des plumes, — monsieur peut écrire son nom...

C'est ce que fit le baron.

Le groom disparut laissant M. de Piriac seul dans l'antichambre à panneaux de tapisserie encadrés dans des moulures de chêne noir sculpté.

Une lanterne flamande, à huit pans, se suspendait à la rosace du plafond.

— Ça! une antichambre!! — s'écriait intérieurement M. de Piriac, — mais, alors, comment donc est le salon??

Le groom reparut.

— Si monsieur veut bien passer dans le cabinet de travail, — dit-il en ouvrant une porte latérale, — M. de Coësnon le rejoindra dans un instant...

Le baron, de plus en plus abasourdi, pénétra dans une pièce de moyenne grandeur, dont les murailles, tendues d'un papier gris perle, disparaissaient presqu'entièrement sous une profusion de tableaux, — de dessins et d'aquarelles, — tous modernes et fort somptueusement encadrés.

Sur la marge blanche des aquarelles et des dessins, — sur l'or mat de l'écusson des cadres, — se lisaient, écrits à la main ou tracés au pinceau, ces mots, suivis des signatures les plus variées de l'art contemporain :

« *A Georges de Coësnon, — hommage affectueux de l'auteur.* »

Un tapis turc couvrait le parquet.

Les meubles,—d'un bon style Louis XV, — étaient en ébène et recouverts de tapisserie au petit point.

Un grand bahut de chêne sculpté, du temps de Henri III, faisait face à un admirable buffet de Boule.

La pendule consistait en un bloc de marbre blanc, sur lequel reposait un magnifique groupe de Barye.

Les candélabres, — merveilleux entrelacement de lianes, de serpents et d'oiseaux, — étaient du même maître.

Une grande table d'ébène, recouverte d'un tapis de Smyrne, éclatant de pourpre et d'or, était surchargée d'une multitude de petits objets d'art et de curiosité, — **de statuettes d'actrices et de danseuses**, — de coupes de Sèvres, — de figurines de Saxe, — d'idoles japonaises, etc., etc.

Tous ces objets, à coup sûr, ne provenaient point d'achats, mais d'offrandes.

Non loin de la cheminée, un immense bureau de chêne semblait plier sur ses pieds tors, sous le poids d'un gigantesque amoncellement de journaux, — de brochures, de volumes petits et grands.

Sur la première page de tous ces volumes, — sans exception, — se trouvait cette ligne, ou une ligne équivalente :

« *A mon bon ami et confrère Georges de Coësnon, son tout dévoué.* »

Et, après cette ligne, les noms célèbres et les noms obscurs de la moderne pléïade littéraire.

Tableaux, — dessins, — statuettes, — volumes, tout cela enfin se pouvait regarder comme autant de trophées conquis par le journaliste influent.

II

Une visite.

M. de Piriac, — pendant les quelques minutes qu'il passa seul dans le cabinet que nous venons de décrire rapidement, — promena tout autour de lui des regards que l'étonnement et l'admiration rendaient stupides.

Quoique fort mauvais appréciateur des choses d'art et de haute curiosité, il comprenait cependant que tous les objets jetés çà et là avec une insouciante profusion, devaient valoir des sommes extrêmement considérables.

Déjà l'épithète de *folliculaire* ne s'unissait plus invinciblement au nom de Georges dans son esprit.

Déjà il commençait à se dire que le neveu de mademoiselle Olympe pourrait bien être un personnage beaucoup plus important qu'il ne l'avait supposé jusqu'à ce jour.

Tandis qu'une foule de réflexions de ce genre se formulaient d'une façon vague, mais cependant distincte, dans l'esprit du visiteur, une portière de tapisserie des Gobelins se souleva, et Georges entra dans le cabinet.

Georges, — quand il avait quitté la Bretagne, — était, sinon un enfant, du moins un très jeune homme.

Il avait vingt ans, — il était à peu près imberbe, et ses joues rosées pouvaient lutter de fraîcheur avec celles des belles filles armoricaines.

M. de Piriac ne l'avait pas vu depuis cette époque et s'attendait à le revoir tel que le lui montraient ses souvenirs.

Aussi ne reconnut-il pas tout d'abord le Georges de Coësnon entièrement métamorphosé, qui s'offrit à lui.

Le journaliste avait trente-deux ans.

Il était mince et blond, — il portait des favoris taillés à l'anglaise, et de petites moustaches fort gaillardement retroussées.

Ses cheveux, — fins et soyeux, et naturellement bouclés, — étaient restés épais sur les tempes et derrière la nuque, mais s'éclaircissaient au sommet de la tête.

Le teint du jeune homme était extrêmement pâle, — plombé même par endroits, surtout autour de l'arcade sourcilière de ses grands yeux bleus.

Deux rides légères et précoces traversaient son front, et attestaient les fatigues du travail nocturne, — et, sans doute aussi, celles des plaisirs immodérés.

La bouche, était toujours fraîche, et les dents toujours belles.

Le plus complet changement d'ailleurs était celui de l'expression du visage, — expression jadis très douce et presque timide, aujourd'hui railleuse et décidée, jusqu'à la hauteur et jusqu'à l'impertinence.

Tandis que M. de Piriac hésitait, cherchait à s'assurer qu'il ne se trompait pas et qu'il avait bien en face de lui Georges de Coësnon, — ce dernier vint au baron, la main étendue, la lèvre souriante, le regard joyeux, et lui dit :

— Ah! mon cher et excellent voisin et ami, — car je pense que vous voudrez bien me permettre de vous conserver ce double titre, — je ne sais en vérité comment vous dire combien je suis heureux de recevoir chez moi un compatriote tel que vous, et de serrer entre mes mains sa main loyale!...

— Ainsi, — murmura M. de Piriac, — c'est donc bien vous, monsieur Georges...

— Eh! mon Dieu, oui, c'est moi... c'est bien moi... — hélas! terriblement changé!

— Mais non... mais non...

— Ne niez pas! — l'évidence est là, puisque vous avez toutes les peines du monde à me reconnaître...

— Cela ne prouve qu'une seule chose...

— Laquelle ?

— C'est que je me fais vieux, monsieur Georges.

— Vous, allons donc! — je vous trouve, je crois, plus vert encore qu'à l'époque où j'ai quitté la Bretagne! — vous rajeunissez, mon cher baron!... — mais je veux rajeunir aussi, et je vous supplie de m'accorder une grâce...

— Moi ?

— Vous-même.

— Si la chose est possible, je la ferai bien volontiers.

— Elle est possible, et elle est facile...

— De quoi s'agit-il ?

— Vous m'avez appelé, tout à l'heure, et deux fois de suite, *monsieur Georges*...

— Eh bien ?

— Eh bien! autrefois, vous me nommiez *Georges* tout court. — Supprimez ce *monsieur* cérémonieux qui m'afflige, et il me semblera, pour un instant, que je n'ai point quitté nos belles grèves de Piriac et que j'ai toujours vingt ans!... — est-ce convenu ?

— Mon Dieu ! pour peu que cela vous fasse plaisir, je le ferai de tout mon cœur. .

— Merci d'avance... — et maintenant donnez-moi des nouvelles de tous les vôtres...

— Ma femme va bien, — mon fils aussi, — ma fille également.

— J'en suis bien heureux ! — Et ma si chère et si excellente tante, parlez-moi d'elle...

— Elle se porte à merveille, elle ne vieillit point, et n'a qu'un seul chagrin...

— Je ne vous demande pas lequel, — je sais trop bien d'avance quelle serait votre réponse... — Ce chagrin, c'est celui de ne pas me voir...

— Précisément.

— Pauvre tante!... ah! je l'aime bien, et cependant je suis pour elle un mauvais neveu... je garde son image au fond de mon cœur, — mais je pense rarement à elle, tandis qu'elle pense sans cesse à moi...

— C'est exactement vrai, cela, — elle ne pense qu'à vous et au bon Dieu...

— Je parie que c'est elle qui vous a engagé à me venir voir?...

— Oh! j'y serais venu sans cela, très certainement, — mais enfin il est de fait qu'elle m'a donné une lettre pour vous... — la voici...

— Je la lirai quand je serai seul, — je sais d'avance tout ce qu'elle renferme d'adorables tendresses et de divines effusions... — chère et sainte fille!... ah! je suis bien coupable de la négliger tant, et souvent je m'adresse de justes reproches... — Vingt fois par an, je me dis : — *j'écrirai demain...* — le lendemain arrive, — le tourbillon de chaque jour s'empare de moi, m'enlace et m'entraîne... — le lendemain se passe et je n'ai pas écrit !... — O Paris! Paris! tu es comme l'enfer, pavé de bonnes intentions... qui jamais ne se réalisent !... — mais cette fois il n'en sera pas comme toujours... — je veux lui répondre... — lui écrire une longue lettre... une lettre longue comme un volume, et dont vous voudrez bien vous charger, n'est-ce pas, mon cher baron ?

— Eh ! oui, certes, je m'en chargerai ! et avec le plus grand plaisir, encore !

— Et quel jour l'avez-vous vue, cette excellente tante ?

— La veille de mon départ de Piriac.

— Que vous a-t-elle dit à mon sujet ?... — pardon, si je vous interroge ainsi, — mais, c'est que, voyez-vous, elle est ma mère, ma vraie mère, — sinon par les entrailles, au moins par le cœur, et, si ingrat, si indifférent que je paraisse à son égard, je l'aime de toute mon âme, je vous jure!...

— Mademoiselle Olympe était très émue et très attendrie par la pensée que j'allais vous voir... elle m'a recommandé de vous bien regarder afin de lui dire comment vous êtes maintenant... — elle a ajouté que vous deviez être bien changé depuis douze ans, et que peut-être je ne vous reconnaîtrais pas, mais qu'elle, elle vous reconnaîtrait *quand même*, avec son cœur, à défaut de ses yeux, — elle m'a prié de tout examiner, et votre personne, et votre habillement, et la chambre dans laquelle vous vivez, afin de pouvoir lui rendre compte de tout...

— Et vous avez répondu ?...

— Que je ferais en sorte d'avoir cent yeux pour tout voir, et une mémoire imperturbable, pour tout retenir...

— Et ensuite ? — demanda Georges d'une voix émue, en essuyant une larme furtive qui roulait sur sa joue.

Oh ! sainte larme d'un viveur émérite, — sainte larme d'un journaliste roué et sceptique, — sainte larme d'un vaudevilliste blasé !... — Les anges du ciel durent le recueillir du bout de leur aile !!...

— Ensuite, — répéta M. de Piriac, — elle s'est écriée qu'elle vous aimait jusqu'à l'adoration, — que vous le saviez bien, — que vous n'en pouviez pas douter, et que cependant il fallait vous le redire encore de sa part... « — Ah! surtout, — disait-elle, — surtout, qu'il sache bien que le seul, que l'ardent désir de sa pauvre vieille tante serait de l'avoir enfin auprès d'elle, — qu'il sache bien que, depuis qu'il est parti, je ne m'occupe que d'assurer son existence à venir, — que j'économise, — que j'entasse, — qu'ici, tout est à lui, et que, quand enfin il sera lassé de son affreux Paris, il trouvera près de moi le repos, la tranquillité, et, sinon la richesse, du moins l'aisance... — Il pourra, s'il le veut, avoir un cheval, — des chiens de chasse, — un canot... »

« Que voulez-vous, — interrompit M. de

Piriac, — elle croit, la simple et excellente fille, que cela peut suffire pour rendre heureux un homme comme vous...

— Eh! — répliqua vivement Georges, — elle le croit, et elle a raison !...

— Vous trouvez ?....

— Cent fois pour une! — c'est là-bas qu'est le bonheur! — c'est là-bas, et non point ici...

— Parlez-vous sérieusement ?

— Oui, je vous le jure.

— Eh! bien, si vous pensez que le bonheur vous attend en Bretagne, qui vous empêche de venir le rejoindre?...

— Qui m'en empêche !

— Oui.

— Le plus fort, le plus indestructible de tous les liens...

— Et vous nommez ce lien !

— L'*habitude.*

III

Les menus-plaisirs.

— L'*habitude ?* — répéta M. de Piriac.
— Oui, l'habitude de cette vie bruyante, agitée, fiévreuse, de cette vie parisienne enfin, qui dessèche le cœur, éteint les sens et abrége la vie, mais dont on appelle

jusqu'à la fin les enivrements mortels, comme ces mangeurs d'opium qui cherchent une mort inévitable dans les extases et dans les délires du voluptueux poison...

— Et vous ne renoncerez jamais à cette vie ?

— Jamais.

— Vous en êtes certain ?

— Trop certain.

— Mais, enfin, pourquoi ?

— Le courage me manquera

— Cependant, il ne faudrait que vouloir.

— Vous avez raison, mais je n'aurai jamais la force de vouloir...

— Ainsi, cette pauvre mademoiselle Olympe mourra sans que son rêve se soit réalisé !... — elle s'éteindra sans vous avoir revu !!...

— Que dites-vous là, mon cher baron !!....

— Mais, l'exacte vérité, ce me semble. — Il est bien certain que mademoiselle Olympe ne viendra point à Paris, et, si vous ne retournez jamais en Bretagne...

— Eh ! j'y retournerai, — interrompit Georges vivement, — j'y retournerai bientôt, — cette année sans doute, — peut-être dans quelques semaines, — je veux la voir et l'embrasser, cette chère tante! — S'il fallait qu'elle remontât au ciel sans m'avoir pressé sur son cœur, ce serait pour toute ma vie une douleur et un remords!!... — Seulement je passerai près d'elle un temps que je ne puis déterminer, et je reviendrai à Paris recommencer cette vie féérique et meurtrière, que je maudis et que j'adore.

— Elle est donc bien séduisante, cette vie?...

— Elle l'est à ce point que, si blâsé

que je puisse être par dix années de plaisirs mortels, vous voyez bien que je n'ai pas le courage de me détacher d'elle!.. — c'est un ensorcellement pareil à celui qu'exercent sur tant de gens de vieilles maîtresses dont les charmes sont depuis longtemps flétris, et dont cependant le règne s'éternise en vertu de cette force toute puissante dont je vous parlais tout à l'heure : — l'*habitude!*...

— Mon cher Georges, ne vous moquez pas trop de ce que je vais vous demander...

— Me moquer!... moi!!... et de vous!!...

— Ah! c'est que je sais combien il est ridicule de voir un vieux et naïf provincial s'enquérir sottement de choses qui sont en si complet désaccord avec les habitudes de toute sa vie... — Mais, que voulez-vous, je suis, comme vous, un descendant d'Ève, la première curieuse du monde... dites-moi donc un peu quelles sont les joies de votre existence parisienne...

— Mon cher baron, cette existence est une des choses qui ne se comprennent qu'à l'user, et qui ne se peuvent raconter... — mais, si vous le voulez, il est un moyen bien simple de satisfaire une curiosité que je trouve parfaitement naturelle...

— Et, ce moyen ?...

— Je vais vous le dire, — mais promettez-moi d'abord de ne point vous gendarmer contre ma proposition, si elle ne vous agrée point...

— Je vous le promets...

— A merveille! cependant, une question encore?...

— Faites.

— Quel est le but de votre venue à Paris, et pour combien de temps êtes-vous ici?...

— Mon voyage était un voyage d'affaires, — mes affaires sont terminées. — Je peux maintenant me distraire un peu, et donner à cette distraction un quinzaine de jours.

— Parfait! parfait! parfait! — comme dit M. Prudhomme.

— Qu'est-ce que c'est que M. Prudhomme?

— Une célébrité contemporaine que vous ne connaissez pas. — Revenons à nos moutons.. — Vous voulez vous *distraire* pendant quinze jours, disiez-vous?...

— Oui.

— Eh bien, abandonnez-vous à moi... — Nommez-moi premier ministre de vos menus plaisirs — et je me charge de vous distraire en vous faisant vivre de cette vie à l'endroit de laquelle votre curiosité, tout à l'heure, était si vivement surexcitée..

— Mais...

— Mais, quoi ?

— Je crains...

— Que craignez-vous ?...

— Que les distractions dont il s'agit ne soient d'un genre...

— Rassurez-vous ! — fit Georges en riant, — elles seront de tous les genres, cher baron !

— C'est justement ce que je voulais dire... — Songez donc que je ne suis plus un jeune homme, ni même un homme jeune...

— Et que vous êtes marié et père de famille... — acheva Georges.

— Précisément.

— Eh bien, je puis vous promettre que ni madame de Piriac, ni vos enfants ne se douteront de quoi que ce soit... — D'ailleurs il dépendra toujours de vous de vous arrêter à temps, et de ne point franchir la limite que vous vous serez tracée...

— Vous avez raison, mais...

— Quoi ?... encore un *mais !!*...

— Mon Dieu, oui.

— Quelque chose vous inquiète ?...

— Beaucoup.

— Et, c'est?...

— Vous autres artistes, vous autres écrivains, gens d'esprit et gens de talent, vous ne savez pas compter...

— On le dit, du moins, — et je ne suis nullement disposé à rompre des lances contre ceux qui le disent...

— Quand vous avez de l'argent, vous ne songez qu'à le dépenser...

— J'accepte ceci comme un éloge.

— Et, pour le dépenser plus vite, vous le jetez par les fenêtres...

—Ceci est une manière de parler, qui d'ailleurs ne manque point de justesse, si, comme je le crois, vous voulez indiquer les fenêtres de nos fantaisies.

—Précisément.

—Enfin, cher baron, à quoi voulez-vous en venir?...

—A ceci : — Vous menez la vie, vent arrière et toutes voiles dehors!... — Ça doit être effroyablement cher...

—Sans doute, mais, qu'importe?...

— Il importe peu, j'en conviens, pour vous qui êtes garçon et qui n'avez point à vous préoccuper de l'avenir... — Mais il n'en est point de même pour moi, homme sérieux et père de famille. — Je crois donc que quinze jours de *distractions*, comme vous l'entendez, me coûteraient trop cher, et c'est pour cela que tout à l'heure je disais : *mais...*

— N'est-ce que cela ?...

— Il me semble que c'est bien assez !

— Erreur, cher baron, — je vous ai dit que je me chargeais d'être pendant deux semaines le premier ministre de vos menus plaisirs ; — j'ajoute, maintenant, qu'il ne vous en coûtera pas un sou...

— Qui donc fera les frais de cette vie joyeuse que vous me promettez ?...

— Personne....

— Ah ! par exemple, voilà qui me paraît incroyable !!...

— Personne, — répéta M. de Coësnon, — dans ce sens, du moins, que vous ne serez le but ou le prétexte d'aucune dépense particulière...

— Comment l'entendez-vous ?

— J'entends que je vous ferai vivre de ma vie, tout simplement, sans y rien changer, sans y rien ajouter, — et je vous donne ma parole d'honneur qu'à la fin de la semaine, vous n'aurez pas grevé seulement de quinze louis mon budget hebdomadaire !...

IV

Le bibelot. — Le bac et les biches.

— Quinze louis ! — répéta M. de Piriac, — vous avez dit quinze louis ?...

— Sans doute. — Ainsi vous voyez que ce n'est pas la peine d'en parler...

— Je ne vois pas cela du tout ! — Quinze louis, c'est trois cents francs !...

— Sans doute.

— Et, trois cents francs, c'est une somme !!...

— Bien insignifiante, vous en conviendrez ! — répliqua Georges. — Allons, est-ce entendu ? — me chargez-vous de votre initiation, cher baron ?...

— Ma foi, je vous avoue que j'ai bien envie d'accepter une offre si gracieusement faite...

— Dans ce cas, nous voici d'accord, et, toute fatuité à part, je crois pouvoir vous promettre que vous serez content de moi.

— Hélas ! — murmura M. de Piriac, — j'ai peur de l'être trop !...

— Tranquillisez-vous, — dit le journaliste en riant, — je veillerai sur votre vertu... — Je tiens à ce que vous puissiez dire à ma tante que j'ai rempli, vis-à-vis de vous, tous les devoirs de l'hospitalité !...

Il y eut un instant de silence.

Puis le baron demanda :

— Puis-je vous faire une question, mon cher Georges ?

— Parbleu !

— Mais, si elle est indiscrète?...

— Bah! j'y répondrai tout de même.

— Eh bien, pour suffire aux exigences de votre vie ultra-joyeuse, vous gagnez donc beaucoup d'argent?

— Jamais assez!

— Mais, enfin, bon an, mal an, en moyenne, combien à peu près?

— Quarante ou cinquante mille francs...

— Hein? — vous dites? — s'écria le baron stupéfait, et croyant qu'il avait mal entendu.

— Je dis, quarante ou cinquante mille francs.

— Pas possible !...

— Vous trouvez que c'est peu ?

— Je trouve que c'est énorme, au contraire !!...

— Il faut bien que je m'en contente, puisque je ne puis avoir mieux.

— Cinquante mille francs par an !... — le revenu d'un millionnaire !... et vous gagnez cela à écrire ?...

— Mon Dieu, oui.

— Il faut bien que je vous croye, puisque vous me le dites ; — mais qui aurait jamais pu supposer que des pattes de mouche sur du papier blanc rapporteraient dix fois plus que de bonnes terres au soleil!...

— Oui, — répondit Georges, — mais les terres restent, et les pattes de mouche disparaissent, et il faut les recommencer sans cesse... — C'est le rocher de Sisyphe, voyez-vous, — c'est le tonneau des Danaïdes!...

— Mais, il me semble que vous devez passer votre vie tout entière à écrire, depuis le matin jusqu'au soir, et depuis le soir jusqu'au matin...

— Détrompez-vous, mon cher baron, — je ne travaille pas tant que cela, grâce au ciel! — deux ou trois articles par semaine pour le *Lucifer*, — quatre pièces par an, — voilà tout. — Le *Lucifer* me rapporte quinze cents francs par mois, — le théâtre me donne le reste...

—Ainsi, cet animal de Paul avait raison ! — murmura M. de Piriac en se parlant à lui-même, mais assez haut pour que Georges l'entendît.

— Qu'est-ce que c'est que cet *animal de Paul?*...

— C'est mon fils.

—Merci pour lui !... — et pourquoi donc avait-il raison ?

— Parce qu'il soutenait contre moi que les vaudevilles et les mélodrames rapportaient des tonnes d'or, — et je n'en croyais pas un mot...

— Vous aviez tort.

— Je commence à le voir.

— Avez-vous entendu parler d' lexandre Dumas fils?

— Jamais.

— Très bien!... — Dumas fils, est, d'abord et avant tout, un charmant et excellent garçon, — puis, ensuite, l'écrivain le plus spirituel et l'auteur dramatique le plus habile et le plus consciencieux de notre époque...

— Ah! ah!

— Connaissez-vous le *Demi-Monde* ?

— Je ne me doute pas de ce que ce peut être...

— C'est une comédie de Dumas fils. — Cette comédie est en cinq actes ; — elle a rapporté, à son auteur, cent dix ou cent vingt mille francs.

Monsieur de Piriac frappa dans ses mains.

— Franchement, — dit-il ensuite, — je commence à être un peu de l'avis de votre tante...

— Quel est l'avis de ma tante ?

— Que c'est offenser Dieu que de gagner tant d'argent avec des machinettes comme ça !...

— Ces *machinettes*, pour employer votre expression, sont tout bonnement des chefs-d'œuvre, et le temps est passé où le génie avait des souliers troués ; — aujourd'hui le talent ne va plus à pied.

— Mais que pouvez-vous faire de ces sommes énormes?...

— Je joins à peu près les deux bouts.

— Quoi !... vous ne placez pas vos économies en bonnes rentes sur l'État?...

— Des économies!!! — Le moyen d'en faire quand il faut déployer une habileté surhumaine pour éviter les dettes !...

— Cependant, cinquante mille francs, un garçon...

— Il faut vivre ; — et puis, l'hôtel Drouot, le bac et les biches dévorent...

La physionomie de M. de Piriac devenait stupide.

— Je crois que vous ne me comprenez pas, — dit Georges en riant.

— Pas très bien, je l'avoue.

— Je vais m'expliquer. — *Bac* est un diminutif du mot *baccarat*, et le baccarat est un jeu très amusant avec lequel, si vous le désirez, je vous ferai faire connaissance.

— Je n'y tiens pas, — répondit le baron avec une grimace significative.

Georges continua :

— L'hôtel Drouot, — c'est la bourse aux bibelots...

— Pardon, mais qu'entendez-vous par *bibelots ?*...

— Tout ce qui constitue l'objet d'art et de curiosité, — le tableau, la porcelaine de Saxe, de Sèvres, de Chine et du Japon, — la faïence de Rouen, de Faënza, d'Urbino, etc... — Le verre de Venise, — l'émail de Limoges, — la tapisserie de Flandres ou des Gobelins ; — en un mot le bric-à-brac dans sa plus vaste acception...

— Et vous donnez là dedans, vous ?

— Je le crois bien !... — et non-seulement moi, mais encore tout ce qu'il y a de riche et d'intelligent à notre époque. — Je vous ferai voir mon salon, ma salle à manger et ma chambre à coucher, et vous verrez, mon cher voisin, que le bibelot règne et gouverne !... — Du reste, c'est de l'argent bien placé. — Ce qui s'achète cent francs aujourd'hui se vendra trois cents demain.

— Va pour le bibelot, puisque vous l'aimez tant ! — Mais vous avez parlé d'une troisième chose...

— Ah! *les biches!*

— Ce mot me fait supposer qu'il doit être question de chasse...

— Pas précisément! — Où serait le mérite de poursuivre et d'atteindre un gibier si peu sauvage et qui ne demande qu'à se laisser prendre !...

— Si vous ne les chassez pas, qu'en faites-vous donc?

— Pardon, mon cher baron, mais il me semble que vous êtes déjà venu à Paris, jadis?

— Sans doute. — En 1823.

— Comment, à cette époque, appelait-on les femmes de mœurs faciles, dont la beauté constituait l'unique revenu ?

— On les appelait, je crois, courtisanes et femmes entretenues.

— A merveille... — Après 1830 on les nomma *lorettes*, — après 48 on en fit des *filles de marbre*, — un peu plus tard, un romancier de ma connaissance essaya de les flétrir du nom de *filles de plâtre*, mais cela lui réussit mal ; — enfin, aujourd'hui, ces dames ou ces demoiselles ont été baptisées du pseudonyme coquet de *biches*... — Voilà le logogryphe expliqué, mon cher baron...

— Je commence à comprendre, — mais je ne me rends pas bien compte d'une chose...

— Quelle chose ?

— Les dépenses considérables dont vous grevez votre budget à l'endroit de ces demoiselles...

— Comment, vous vous étonnez que l'amour, ou plutôt que le plaisir parisien, coûte cher ?...

— Dam ! il me semble que jeune et joli garçon comme vous voilà, et dans votre position d'homme célèbre, vous ne devriez pas être forcé d'entretenir des *biches*...

— Eh! qui vous parle d'entretenir? — est-ce que ce serait possible? — surtout au prix que messieurs les *boursicotiers* y mettent!

— Eh bien?

— Mais il y a les faux frais, — les soupers, — les voitures attelées en poste pour Chantilly ou la Croix de Berny, — il y a les bouquets, - il y a les menues galanteries du jour de l'an, — bonbons de Boissier dans une coupe de vieux japon, — cornets craquelés, — groupes de Saxe ou service de thé en Sèvres pâte tendre... — tout cela est de nécessité première, et tout cela est ruineux, — seulement ces bagatelles métamorphosent pour nous autres les coulisses et les boudoirs de Paris en un sérail, dont un simple mortel ne deviendrait le sultan qu'au prix de tous les millions des Mirès ou des Pereire...

— Ce que vous me dites là me fait passer des éblouissements devant les yeux...

— Il vous semble, n'est-ce pas, voir papillotter dans la brume tous les feux de la Saint-Jean de notre Bretagne ?

— Tout juste.

— Eh bien ! cher baron, je veux vous faire comparer les nuits ardentes de la grande ville avec les nuits si calmes de la pointe de Piriac, et vous choisirez avec connaissance de cause entre le tapage des verres qui se heurtent et des voix féminines glapissant le refrain des *Fraises*, ou l'air du sire de *Franc-Boisy*, et la clameur solennelle du vieil Océan venant mourir sur nos plages bretonnes!... — et vous pourrez murmurer avec la conviction d'un cœur honnête et d'un esprit convaincu, quand vous reverrez Guérande, le Croisic, et la Turballe, ce vers classique d'un Voltaire quelconque :

« Plus je vis l'étranger, plus j'aimai mon pays!! »

Singulièrement amusé par la verve comique du journaliste, le baron se mit à rire.

— Et, — demanda-t-il ensuite, — quand commencez-vous l'éducation de votre vieil écolier, mon cher Georges ?

— Pardieu! dès ce soir, — d'abord nous dînerons ensemble...

— Où?

— Dans un cabaret quelconque.

— Et ensuite?

— Je ne sais pas encore, — mais nous aviserons à faire pour le mieux, soyez-en convaincu. — Voyons, il est trois heures, — avez-vous quelque affaire à terminer, ou quelqu'un à voir?

—Non, — j'ai fini mes affaires, et excepté vous, je ne connais personne à Paris.

— Tant pis !

— Pourquoi ?

— Parce que j'ai pour trois heures et demie un rendez-vous qui ne peut se remettre, et qui me retiendra jusqu'à cinq heures et même cinq heures et demie. — Je vais donc être forcé de vous abandonner à vous-même, et cela me contrarie fort...

—Oh ! je ne m'ennuierai pas, — je vais me promener sur les boulevarts et regarder les magasins, — le temps passera vite...

— C'est cela même, et, tout en flânant, cherchez quelque élégante babiole pour madame de Piriac, et quelque délicieuse étoffe de soie pour mademoiselle votre fille...

Le baron fit une de ces grimaces expressives dont il avait l'habitude, lorsqu'il était question de quelque dépense intempestive.

Cependant il se contenta de répondre :

- Oui... oui... oui... nous verrons cela.

— Si vous le voulez bien, — reprit Georges, — nous dînerons à six heures?

— Je veux tout ce que vous voudrez.

— Vous êtes un homme charmant! — Je vous rejoindrai à six heures moins cinq minutes dans un endroit que nous allons désigner... ou plutôt que je vous prie de désigner vous-même à votre convenance...

— Je connais mal Paris, — je préfère, et de beaucoup, m'en rapporter à votre expérience.

— Soit, — vous savez où se trouve le passage des Panoramas?

— Très bien.

— Eh bien ! à partir de cinq heures et demie, promenez-vous dans la grande galerie, — je ne me ferai pas attendre.

— C'est convenu.

— Maintenant, je ne vous renvoie pas, mon cher baron, mais je vous quitte pour m'habiller... — au revoir, et à tout à lheure...

— A tout à l'heure, répéta M. de Piriac, qui prit son chapeau, serra la main de Georges, et s'en alla fort enchanté de sa visite, et surtout des résultats qu'elle lui promettait, résultats tout à la fois économiques et joyeux.

V

Les fleurs de mai.

Avant d'entrer plus avant dans ce récit dont les six volumes des Deux Bretons ne sont que le prologue (nous l'avons déjà dit) — et qui s'achèvera dans un prochain roman que nous appellerons : LE CHATEAU DE PIRIAC, il nous faut expliquer une chose qui doit paraître invraisemblable et même absurde à nos lecteurs.

— Comment se peut-il faire, — se demandent-ils certainement, — comment se peut-il faire que Georges de Coësnon, ce journaliste moqueur et blasé, se fasse tout d'un coup, bénévolement et sans nécessité aucune, le cornac dans la vie parisienne, et l'*amuseur* en titre d'un vieux gentilhomme provincial qu'il connaît à peine, qu'il ne reverra jamais, et auquel il n'a nulle raison sérieuse de désirer être agréable? — Est-ce donc à la lettre de mademoiselle Olympe, et à l'attachement du neveu pour la tante, qu'il faut attribuer ce patronage subit et archi-bienveillant? — et, si ce n'est pas cela, qu'est-ce donc?

Rien n'est plus simple.

Au moment où nous venons de retrouver Georges, Georges cherchait un sujet de comédie.

L'idée de mettre en scène un homme d'un âge déjà mûr, habitué au calme profond, à l'implacable monotonie d'une existence de province, et dépaysé tout à coup au milieu des folles joies de Paris, lueurs trompeuses à la flamme desquelles il vient se brûler comme un hanneton, lui avait vaguement traversé l'esprit et ne demandait qu'à prendre de la consistance et du développement.

Et voici que tout d'un coup, le hasard,

comme s'il prenait un intérêt immédiat et direct aux succès dramatiques du jeune écrivain, lui expédiait des profondeurs de la Bretagne un personnage en chair et en os, un type vivant, dans les meilleures conditions possibles pour lui fournir une longue et curieuse série d'observations caractéristiques!...

M. de Piriac allait poser devant Georges avec toute la docilité d'un modèle à cent sous l'heure, et Georges n'aurait qu'à dessiner d'après nature les principaux traits du grand premier rôle de sa comédie.

Voilà pourquoi il avait accueilli le baron à bras ouverts, — voilà pourquoi, pendant tout le temps nécessaire pour mener à bien son étude, il allait se consacrer à lui et devenir son inséparable compagnon.

Cela lui coûterait peut-être un peu cher, — mais les magnifiques droits d'auteur d'une comédie à grands succès lui rembourseraient au centuple ses indispensables avances.

Ceci bien posé, — et maintenant que nos lecteurs n'ont plus le droit de s'étonner de rien, — rejoignons M. de Piriac qui se promène dans le passage des Panoramas, regardant, à travers les vitrages de cristal des somptueux magasins, tous ces objets de luxe dont l'utilité lui paraît au moins contestable.

Heureux baron, qui ne comprend guère ce grand paradoxe devenu presque une vérité : — *il n'y a que le superflu qui soit réellement le nécessaire!...*

A six heures moins quelques minutes, Georges le rejoignit :

— Cher baron, — lui dit-il, — l'exactitude est la politesse des rois et des gentilshommes, et vous voyez que je suis exact!... — il fait grand' faim, — allons dîner!...

Le journaliste emmena le vieux gentilhomme chez Vachette, et il s'installa avec lui dans un cabinet, après avoir commandé le menu d'un petit dîner fin, admirablement compris.

Nous n'entreprendrons point une lutte disproportionnée avec le spirituel auteur des *Mémoires d'un Bourgeois de Paris*, et nous n'émaillerons point notre prose de menus d'un grand style, ainsi qu'il le fait dans son roman de *Cinq cent mille livres de rentes*.

Disons seulement que le repas fut bon, rendu fort gai par les saillies de Georges qui faisait des frais d'esprit pour son unique convive, autant que s'il eut soutenu quelque brillante lutte avec un de ses pairs.

Disons en outre qu'au moment de sortir

de table le baron était, sinon ivre, du moins légèrement animé par d'assez nombreuses libations de vieux vins de divers crus.

— Et maintenant, cher baron, — dit Georges, — il s'agit d'organiser notre soirée... — Que voulez-vous faire?

— Tout ce que vous voudrez.

— Docile ami!! — le spectacle vous sourit-il?

— Infiniment.

— Voulez-vous rire ou pleurer?

— J'aime mieux rire.

— Nous avons la grosse gaîté sous la main. — Je vais vous conduire aux Variétés...

— Aux Variétés... — C'est parfait. — Je me rappelle avoir vu, lors de mon précédent voyage à Paris, des acteurs bien réjouissants...

— Vous les appelez ?...

— Potier et Brunet. — Qu'ils étaient drôles, ces gaillards-là ! — Vous les connaissez ?...

— De réputation, beaucoup.

— Jouent-ils ce soir ?

— Hélas, non!

— Bah! et pourquoi?

— Pour plusieurs raisons... — mais je pense que vous vous contenterez de la première...

— Voyons un peu...

— Ils sont morts!

— Ah! mon Dieu!... et depuis quand?

— Mais depuis quinze ou vingt ans, je crois.

— C'est prodigieux!...

— Ah ça! mais, vous ne lisez donc jamais les journaux, là-bas?

— Jamais.

— *O fortunatos nimium, sua si bona norint!...* — murmura Georges à voix basse.

Puis, tout haut, il reprit :

— Hélas ! oui, mon pauvre baron, — ils sont morts, — morts et enterrés, — et bien d'autres avec eux, — Vernet, — Perlet, — Odry, — Lepeintre aîné, — Lepeintre jeune... — que sais-je encore... — mais vous n'aurez pas tout perdu, — vous verrez Lassagne, — vous verrez Leclerc, — vous verrez Colbrun, et une foule de très jolies femmes, très vivantes...

— Je m'en contenterai... — dit fort sérieusement M. de Piriac.

— Espérons-le, mon Dieu!... — venez.

Georges passa son bras sous celui du baron qu'il emmena dans la direction du théâtre des Panoramas.

Chemin faisant, il lui dit :

— A propos, avez-vous une jumelle?

— Eh! non, — répondit le baron, — vous savez bien que j'ai toujours été fils unique...

Georges ne put contenir un homérique éclat de rire.

— Ai-je dit une bêtise? — demanda le baron en s'arrêtant.

— Pas le moins du monde.

— Alors, pourquoi riez-vous ?

— Parce que le quiproquo est assez drôle, et tiendrait sa place à merveille dans une pièce du Palais-Royal...

— Quel quiproquo ?

— Parbleu ! celui que vous venez de faire au sujet de ma question : *avez-vous une jumelle ?* — par ce mot : *jumelle*, j'entendais une lorgnette de spectacle...

Le baron se mit à rire, à son tour, — mais du bout des dents.

— Non, — dit-il ensuite, — je n'en ai

pas, — et je n'en ai que faire !... — à quoi voulez-vous que cela me serve une lorgnette de spectacle ?...

— Mais, à regarder les actrices, j'imagine...

— On voit bien, mon cher Georges, que vous ne me connaissez plus ! — je suis vieux, c'est vrai... malheureusement, — mais j'ai conservé mes yeux de vingt ans ! — Savez-vous bien que, depuis ma terrasse de Piriac, je distingue sans lunette marine le pavillon d'un navire, alors que la pointe du grand mât de ce navire est seule en vue, et que le gréement et la coque sont encore entièrement cachés par la courbe terrestre !...

— Peste, mon cher baron, je vous en fais mon compliment sincère ! — mais il n'y a aucun point de ressemblance entre la pleine mer et une salle de spectacle, et je vous affirme que les verres grossissants vous seront tout à fait indispensables pour apprécier depuis votre fauteuil d'orchestre la réelle fraîcheur de certaines princesses de la rampe, et ne la point confondre avec le blanc de céruse et le rouge végétal de leurs rivales moins heureuses... — croyez-moi donc, prenez ce petit instrument, et je vous certifie que vous vous en trouverez bien...

Et tout en parlant, Georges tendait au baron une de ces merveilleuses petites jumelles-duchesses à douze verres, qui tiennent si peu de place, et qui rendent d'aussi loyaux services que les lourds télescopes d'ivoire ou d'écaille des classiques abonnés de l'opéra.

Monsieur de Piriac, — aimant mieux accepter que de discuter, — prit la jumelle et la mit dans sa poche.

Un minute après, le baron, — toujours appuyé sur le bras de Georges, et salué très humblement au passage par messieurs les employés du contrôle, — faisait son entrée dans la salle des Variétés, et prenait possession d'un fauteuil d'orchestre placé de façon à ce que celui qui l'occupait ne perdit aucun détail du spectacle.

On jouait, ce soir-là, ce que dans l'argot des théâtres on appelle une *pièce à femmes.*

Ces mots s'appliquent indistinctement à tout vaudeville, féerie, ou revue, dont la prose, les couplets, les décors et les *trucs* ne sont qu'un prétexte pour l'exhibition d'un certain nombre d'épaules plus ou moins blanches, — de tailles plus ou moins sveltes, — de poitrines plus ou moins riches, — de jambes plus ou moins fines, — le tout, fort indiscrètement revelé par des tuniques de gaze et des maillots couleur de chair.

La pièce à femmes des Variétés était en trois actes et en une demi-douzaine de tableaux, et portait un titre charmant, assez justifié du reste : LES FLEURS DE MAI.

Que nos lecteurs n'espèrent point nous voir entrer ici dans les détails d'une description plastique.

Un jour, — jour de malheur ! — il nous est arrivé d'écrire, à propos d'une féerie jouée sur un petit théâtre, un chapitre qui ne dépassait que de bien peu les limites tracées par les feuilletons de critique dramatique des plus grands journaux. — Mais ce qui est permis au feuilleton ne l'est pas au roman, et nous avons reçu une leçon assez sévère pour nous corriger à tout jamais de la manie dangereuse des tableaux trop colorés.

Et, surtout, qu'on n'aille pas au moins prendre ce qui précède pour une récrimination à laquelle nous ne pensons pas !...

Dieu merci, nous n'avons point la tête dure, — l'obstination n'est pas notre défaut dominant, — et nous sommes de ces gens sans volonté qu'on peut facilement convaincre.

Nous faisons profession d'avoir parfaitement compris, — et nous pourrions au besoin le démontrer, — qu'il est sans aucun inconvénient pour la morale publique de voir une cabotine à moité nue, réciter des gaudrioles ou danser des cachuchas échevelées, pendant cinquante soirées de suite, devant douze ou quinze cents speclateurs, — tandis que la description du costume écourté de cette même cabotine, constitue dans les pages d'un volume in-8° un très flagrant délit d'outrage aux bonnes mœurs.

Aussi, — soyez-en convaincus, — nous nous le tenons pour dit!!...

Donc, on jouait les *Fleurs de Mai*, avec grand renfort de femmes agaçantes, de maillots, de gaze, de changements à vue et de flons-flons.

M. de Piriac, — transporté de joie dès le lever du rideau, — trépignait d'aise et sentait redoubler son enthousiasme à mesure que les tableaux se déroulaient.

Bientôt sa vue, si perçante qu'elle fut, ne lui sembla plus suffisante pour dévorer les formes charmantes et les séduisants contours de la guirlande de *fleurs animées* qui s'offraient à lui.

Il tira de sa poche la jumelle de Georges et il ne pût détacher ses regards du spectacle enchanteur auquel il assistait pour la première fois.

VI

Le Paradis de Mahomet.

— Eh bien ! baron, — lui demanda le journaliste en souriant, — vous amusez-vous.

— Mais je le crois bien que je m'amuse !

— La pièce vous plaît ?

— A vous parler franchement, je ne la comprends pas très bien et les calembourgs me déroutent un peu.

— Alors, si ce n'est pas la pièce qui vous enthousiasme, ce sont donc les actrices qui vous séduisent?

— Ah! les actrices! les actrices! — murmura M. de Piriac avec conviction, —. quelles femmes!... quelles superbes femmes!... — Mais c'est le paradis de Mahomet, mon bon ami!...

— A un détail près..

— Lequel?

— L'éternelle virginité des houris du prophète.

M. de Piriac regarda Georges d'un air étonné :

— Comment l'entendez-vous ? — demanda-t-il ensuite.

— Lisez le Coran, mon cher baron, — répondit le journaliste, et vous saurez ce que je veux dire.

— C'est que, voyez-vous, je n'aime pas beaucoup la lecture.

— Eh bien ! questionnez-moi, ce soir, à souper, et je vous donnerai des détails.

— A souper ! — Nous souperons donc ?...

— Certes.

— Mais nous sortons de table et je n'aurai pas faim...

— L'appétit vous viendra en mangeant. — Je vous promets une cuisine épicée et violente qui ressusciterait un mort. — D'ailleurs il vous faudra bien tenir tête à ces dames...

Le baron fit un brusque soubresaut.

— Ces dames! — répéta-t-il, — ah ça! mais il y aura donc des dames ?...

— Gardez-vous d'en douter.

— Des femmes du monde ?

— Oh ! du quart de monde, tout au plus.

— Des *biches*, alors ?...

— Tout ce qu'il y a de plus biches.

— Où les prendrez-vous ?

— Ici même.

— Ah ! elles sont au spectacle ?

— Sans elles il n'y aurait pas de spectacle.

— Montrez-les moi..

— Vous les regardez depuis une heure.

— Comment?... comment?... des actrices!... Je souperais avec des actrices?...

— Et ce sera pour elles un fort grand honneur, mon cher baron.

—Prodigieux! — articula M. de Piriac.

Puis, tout bas, il ajouta :

— Décidément mademoiselle Olympe a bien fait de me donner une lettre pour son neveu. — C'est un très charmant garçon que ce Georges et je commence à croire qu'il ne m'empruntera pas d'argent!...

— Après le quatrième tableau, — reprit le journaliste, — nous irons dans les coulisses.

— Hein ?... vous dites ?... — interrompit M. de Piriac.

— Je dis : nous irons dans les coulisses.

— Vous me mènerez donc avec vous ?

— Oui, — à moins cependant, mon cher baron, que cela ne vous contrarie..

— Mais non, — mais non, — ça ne me contrarie pas le moins du monde ; — au contraire...

— A la bonne heure. — Vous m'accompagnerez donc, et nous inviterons deux de ces dames.

— Mon cher Georges, j'ai une demande à vous faire...

— Faites, faites, mon cher baron...

— C'est que vous allez peut-être vous moquer de moi...

— Par exemple !

— Eh bien ! tâchez, — puisque vous inviterez deux dames, — que la grande brune soit l'une des deux...

— De quelle grande brune parlez-vous ?

— De cette superbe personne que voilà, à gauche, avec un costume si léger, de si beaux yeux, et des nattes de cheveux noirs qui lui tombent jusqu'aux talons.

— Ah! Paméla.

— Elle s'appelle Paméla?

—Oui.

— Quel joli nom! — L'inviterez-vous?...

— Sans contredit, puisque vous le désirez.

— Et, viendra-t-elle?

— Je crois pouvoir en répondre.

— Quelle magnifique créature!...

— Le fait est que c'est une beauté complète et triomphante.

—Elle doit avoir beaucoup de talent?...

— Elle en a beaucoup... à la ville.

— A la ville? — répéta le baron.

— Sans doute.

— Qu'est-ce que cela veut dire?

— Ne me le demandez pas.

— Pourquoi?

— Parce qu'il est très vraisemblable qu'elle vous l'expliquera elle-même, de la façon la plus complète et la plus satisfaisante...

Le baron allait continuer ses questions, malgré la réponse évasive de Georges.

Mais, à ce moment précis, la toile se baissait après la fin du quatrième tableau, et le journaliste, quittant sa place, disait à M. de Piriac :

— Si vous le voulez, mon cher baron, nous allons passer sur le théâtre.

Le provincial ne se le fit pas répéter deux fois, et il accompagna son guide avec empressement.

Un des placeurs de l'orchestre ouvrit la porte de communication qui, de la salle, conduit dans les coulisses, et les deux hommes franchirent le seuil de cet étrange paradis, interdit aux profanes, de par messieurs les directeurs et de par les règlements de police.

La scène, pendant l'entr'acte, était abandonnée aux machinistes qui changeaient le décor, et aux pompiers de service qui s'assuraient qu'aucune flammèche tombée des torches des amours et des génies ne pouvait occasionner un commencement d'incendie.

Georges dirigea son compagnon à travers le dédale des *portants*, des *praticables* et des *fermes*, et le conduisit au foyer où presque toutes les actrices se trouvaient réunies dans leurs costumes de fées et de fleurs animées.

Quelques-unes de ces dames étaient étendues sur les banquettes dans des poses gracieusement nonchalantes. — D'autres, debout devant les glaces, faisaient bouffer leurs jupes tout en fredonnant des bribes de couplets.

D'autres enfin, ébauchaient les pas égrillards qu'elles allaient danser sur le théâtre un instant après.

Les blanches épaules et les poitrines demi-nues, provoquaient effrontément le regard, — l'atmosphère chaude du foyer était saturée de toutes les variétés de parfums.

Le baron se sentit pris de vertige, — et, très sérieusement, pendant quelques secondes, il craignit un coup de sang.

Constatons tout de suite, — du reste, —

que bien loin de passer inaperçue, l'entrée de nos deux personnages fit sensation.

M. de Piriac, — disions-nous dans le premier volume de ce livre, — était un homme de cinquante-cinq ou cinquante-six ans, très grand, très maigre, très vigoureusement taillé, — un de ces hommes tout nerfs et tout muscles, dont le langage populaire désigne admirablement la nature indestructible en disant : — *Ils sont bâtis à chaux et à sable.*

Le visage du baron offrait de grands traits, des lignes régulières, un air de distinction native que ne pouvait détruire la teinte bronzée que les feux du soleil, les vents de la côte et les exhalaisons salines de la mer avaient étendu sur une peau tannée et parcheminée.

Il ne portait point de moustaches.

Ses favoris presque blancs rejoignaient ses cheveux grisonnants et taillés en brosse, rebroussés sur leurs racines vers les tempes et découvrant un front large qui semblait par sa structure dénoter une intelligence supérieure à celle qu'il contenait réellement.

Les lèvres de M. de Piriac étaient fraîches encore et ses dents bien conservées.

Ses sourcils noirs et ses yeux vifs donnaient à l'ensemble de sa figure une apparence de jeunesse qui ne supportait pas l'examen.

La toilette du baron, en été, affectait une simplicité des plus primitives, — elle consistait en un pantalon de toile grise, retombant sur de gros souliers lacés, — en un gilet et une jaquette d'étoffe pareille à celle du pantalon, — enfin en une cravate noire, tordue négligemment autour du cou, et en une casquette de toile cirée.

Ainsi vêtu, M. de Piriac aurait pu ressembler aux premiers venus des boutiquiers ou des bourgeois de Guérande ou du Croisic.

Il n'en était rien, cependant.

Tel que nous venons de le décrire, il y avait en lui quelque chose, un je ne sais quoi que nous serions bien embarrassés de définir et d'expliquer, et qui, dès le premier coup d'œil, décelait un vieux gentilhomme.

Pour venir à Paris — et pour y briller, M. de Piriac avait apporté à son costume habituel diverses modifications importantes.

Ainsi, des bottes à fortes semelles remplaçaient les souliers lacés.

La jaquette de toile grise avait cédé la place à une redingote ou habit de chasse, échappé des ciseaux artistiques du premier tailleur de Guérande, et dont les boutons offraient, modelées en relief, des têtes de loup, de renard et de sanglier.

La cravate, mise avec soin, étalait ses pointes correctes au-dessous d'un col de chemise de forte toile, vigoureusement empesé.

Enfin, et pour tout dire, le baron avait fait l'emplette d'un chapeau et d'une paire de gants, seulement le chapeau était à longs poils, et les gants étaient d'un vert gai.

VII

Les Javanaises. — La loge numéro 3. — Paméla.

Ainsi vêtu et conservant, malgré ce costume presque gothique, le cachet d'incontestable distinction dont nous parlions il n'y a qu'un instant, M. de Piriac, on le comprend, devait surexciter au plus haut point la curiosité de toutes les filles d'Ève rassemblées dans le foyer du théâtre des Variétés.

L'une d'elles se fit l'interprète du sentiment général, et, sautant au cou de Georges qu'elle embrassa sur les deux joues, elle lui dit dans ce langage bizarre, si fort à la mode depuis quelques années dans les coulisses, et qu'on appelle le *Javanais :*

— *Bavonsavoavir, mavon pavetavit Gaveavorgaves, cavommavent tave pavortavestavu ?*

— *Mavercavi,* — répondit Georges, — *travès baviaven, avet tavoavi ?*

— Qavu'avest-cave qavuave c'avest qavuave cavet avoravigavinaval qavuave lavu navoavus avamavènaves ? — continua l'actrice.

— C'avest avun cavompavatraviavotave ava mavoavi, avun vaviaveux saveavignaveavur bravetavon, lave mavarqavuavis dave lava Lavoavirave avinfaveraviaveavurave!

— Pavarfavit ! — s'écria l'actrice.

Et elle tourna sur ses talons.

Elle savait ce qu'elle voulait savoir, et il ne lui restait plus qu'à transmettre à droite et à gauche le renseignement qu'elle venait d'obtenir.

— Cette dame est une étrangère? — demanda tout bas le baron à Georges.

— Oui, une Javanaise, — répondit ce dernier en riant.

— Et vous parlez facilement sa langue?

— Très facilement, comme vous voyez.

— Est-ce qu'elle ne comprend pas le français ?

— Si, — à merveille, — elle ne parle même sa langue maternelle que quand elle a quelque chose de très mystérieux à dire ou à demander...

Donnons tout de suite, en simple français, l'explication des trois ou quatre phrases échangées entre l'actrice et le journaliste.

Voici ce dialogue, traduit du *javanais :*

— *Bonsoir, mon petit Georges, comment te portes-tu ?*

— *Merci, très bien, et toi ?*

— *Qu'est-ce que c'est que cet original que tu nous amènes ?*

— *C'est un compatriote à moi, — un vieux seigneur breton, — le marquis de Carabas de la Loire-Inférieure !*

— *Parfait !*

Maintenant, cher lecteur, voulez-vous le mot du logogriphe? — voulez-vous la clé de l'énigme? — voulez-vous enfin comprendre et parler le *javanais*, dans deux jours, aussi bien que la plus lettrée des biches du quartier Breda?

Glissez tout simplement cette simple syllabe : *av*, avant chaque voyelle de chaque mot.

Exemple :

En français, — *bonjour*.

En javanais, — *bavonjavo*.

Ça n'est pas plus difficile que ça !

§

Cependant la qualité pompeuse de *marquis de Carabas de la Loire-Inférieure* donné par Georges à M. de Piriac, produisit son effet.

En tout état de cause un marquis de Carabas est un véritable trésor, et ce trésor double de prix s'il est évidemment provincial et, à coup sûr, archi-naïf.

Aussi le baron servit-il incontinent de point de mire à de très directes et très significatives œillades qui menaçaient de le transpercer d'outre en outre, et qui lui montaient à la tête comme des vins capiteux pris à trop haute dose.

Seule, une de ces dames ne semblait pas le moins du monde s'occuper de lui, — c'était cette charmante drôlesse dont nous avons entendu parler dans les précédentes parties de ce livre, mais que nous ne connaissons pas encore, — c'était Paméla, la fille de ce vieux coquin de Galimand, le complice et l'ami de feu Léonidas.

Paméla s'approcha de Georges, au moment où la prétendue *Javanaise* le quittait, et lui tendit la main.

— Georges, — lui dit-elle, — es-tu mon ami ?

— Parbleu !

— Parlons sérieusement... — si cela dépendait de toi, me rendrais-tu un service... qui n'est pas un service d'argent?

— Oui, — et avec le plus grand plaisir.

— Vrai?

— Ma parole d'honneur.

— Tu es un garçon charmant!

— Ah! je le sais bien. — Est-ce que tu as quelque chose à me demander?

— Oui.

— Tant mieux.

— Je comptais aller te voir demain pour t'en parler.

— Eh! bien, me voici tout porté, et prêt a l'entendre. — De quoi s'agit-il ?

— C'est long à dire.

— Bah ! — tu m'intrigues singulièrement !

— Es-tu pressé?

— En aucune façon.

— Alors, donne-moi une demi-heure.

— Volontiers, mais on va crier : *au rideau*, dans un instant.

— Je ne suis pas du cinquième tableau.

— Dans ce cas, causons.

— Oh ! pas ici.

— Où donc ?

— Dans ma loge.

— On dira que je suis ton amant...

— Ça m'est bien égal. — Viens avec moi...

— Dans trois minutes. — Il faut que je fasse rentrer dans la salle la personne que j'ai amenée avec moi.

— Fais vite, et viens me rejoindre...

— Quel numéro ?

— Numéro 3.

— Numéro 3 ! — répéta Georges involontairement, — voilà qui est original, par exemple !!...

— Original ? — demanda Paméla, — pourquoi et comment ?

— Ne cherche pas à comprendre, mon enfant, — il s'agit d'un vieux souvenir...

— Une aventure dont la loge en question a été le théâtre, peut-être ?...

— A peu près.

Georges, en effet, se souvenait en même temps, et tout d'un coup, de son arrivée à Paris, — de ses débuts dans le journalisme et au théâtre, — du vieux Bourguignon de Saint-Sylvain avec son porfeuille de ministre, — de mademoiselle ***, — du rendez-vous bizarre donné par elle un soir dans cette même loge numéro 3, — des résultats de ce rendez-vous, et du foudroyant article publié dans le *Lucifer*, article qui avait été la pierre angulaire de la réputation du journaliste inconnu jusque-là.

— Dix minutes d'entretien avec une actrice ont décidé de ma destinée il y a dix ans! – se disait Georges, — l'entretien de ce soir peut-il avoir des effets pareils ?... — J'en doute, et c'est peu probable... — Mais, enfin, qui sait ?... — L'avenir, c'est l'inconnu !...

Georges reprit M. de Piriac, un peu

embarrassé de sa contenance et de son inexpérience, au milieu d'un cercle de cinq ou six comédiennes qui l'enveloppaient à qui mieux mieux dans le réseau machiavélique de leurs agaceries intéressées.

Il le réinstalla dans son fauteuil d'orchestre au moment où la toile allait se lever pour le troisième acte, et il lui promit de venir le rejoindre avant la fin du spectacle.

Ceci fait, il retourna sur le théâtre, et il gagna par le plus court chemin la loge numéro 3, qu'il connaissait déjà et que nos lecteurs connaissent aussi.

§

Disons, si vous le voulez bien, quelques mots de cette Paméla, comparse à peine indiquée jusqu'à présent dans notre récit, et qui, cependant, est appelée à jouer un des principaux rôles du drame étrange qui se déroulera dans les prochains volumes.

Nous avons entendu Galimand vanter avec une chaleur paternelle admirablement sentie la beauté de sa fille.

Nous avons entendu la Brancador s'extasier sur les charmes de sa jeune *cliente*.

Nous avons entendu M. de Piriac manifester son enthousiasme à l'endroit des mêmes charmes.

Ni les uns ni les autres ne se trompaient.

Paméla était belle en effet, — complètement belle, — splendidement belle.

Elle n'avait pas, comme Léontine, cette grâce naïve et touchante, cette beauté chaste, et en quelque sorte immatérielle, qui s'adressaient à l'âme, et faisaient longuement et doucement rêver.

Le visage régulier et passionné de Paméla, — ses yeux de créole amoureuse, — ses lèvres fortes et sensuelles, — la voluptueuse perfection de ses formes qui semblaient taillées dans un bloc de marbre de Paros, — sa chevelure opulente que les dents du peigne ne parvenaient qu'à grand' peine à retenir sur sa tête, — le balancement onduleux de sa démarche de gitana, — tout cela s'adressait aux sens et leur parlait un irrésistible langage.

Léontine était une madone du divin Raphaël, — le peintre spiritualiste par excellence.

Paméla était une bacchante de Titien Vecelli, — le peintre de la chair.

Voilà pour le physique.

Au moral...

Mais, ici, il nous faut jeter un regard sur le passé.

Nous vous avons montré Léontine, — et Dieu sait avec quel amour notre plume caressait cette adorable figure! — nous vous avons montré Léontine, chaste fleur grandissant immaculée au milieu des boues les plus infectes, et conservant la miraculeuse pureté de son âme parmi les enseignements du vice, dont ni les leçons, ni les exemples, n'avaient pu la souiller.

Paméla, — née et élevé dans un bourbier pareil, — n'avait pas eu, pour préserver son âme, l'égide d'une pudeur invulnérable, et cette délicatesse de sensitive qui n'est l'apanage que d'un bien petit nombre de natures choisies, — touchantes et rares exceptions.

Jamais, à aucune époque de sa vie, Paméla n'avait reçu de personne la plus simple notion du bien et du mal.

L'unique occupation de son père, — lorsqu'elle était encore enfant, — avait été de détruire dans son esprit jusqu'au moindre vestige de sens moral, — et nous devons ajouter qu'il avait complètement réussi.

Pour Paméla, le mot *vertu* signifiait *duperie*.

L'existence, pour elle, avait un double but, — la fortune et le plaisir.

Il était naturel et légitime, — pensait-elle, — d'atteindre ce but par tous les moyens possibles, — sans exception.

Le vol et le meurtre lui semblaient, — en y réfléchissant bien, — des moyens comme les autres, — seulement elle n'admettait ni l'un ni l'autre parce que la loi les punit sévèrement, et parce que le sang versé lui faisait horreur instinctivement.

Aussitôt qu'elle avait atteint l'âge auquel il est possible de vendre une enfant, son misérable père l'avait vendue, — et elle s'était laissé faire, sans résistance, sans répugnance, sans passion.

Depuis, elle avait continué à se vendre elle-même, — souvent, — et à se donner, — quelquefois, — obéissant passivement aux nécessités de tous les jours, ou au ca-
- e heure.

Au moment où nous faisons connaissance avec Paméla, la jeune femme avait vingt et un ans, et cette existence qu'elle menait depuis si longtemps déjà commençait à lui peser horriblement.

On comprend qu'avec une éducation semblable à la sienne, et avec un père pareil au sien, le sentiment filial devait être infiniment peu développé dans son cœur.

L'exploitation éhontée dont elle était l'objet de la part de Galimand lui semblait une chose souverainement injuste et révoltante.

La galanterie vénale était son métier, — soit ! — mais puisqu'elle en subissait toutes les charges, l'équité n'exigeait-elle pas qu'elle en recueillît tous les profits?

Paméla se posait souvent cette question, — et jamais elle ne manquait de la résoudre dans le sens le plus complètement affirmatif.

VIII

Georges et Paméla.

Ce n'est pas tout.

Malgré son ignorance absolue — (Paméla savait, en tout et pour tout, lire et écrire, et, grand Dieu! quelles pattes de mouche insensées, et quelle ortographe fantaisiste!...) — Malgré son ignorance absolue, disons-nous, la jeune femme ne manquait pas d'esprit naturel, — elle avait une volonté ferme, — beaucoup d'audace, — et une ambition sans bornes.

La position excessivement infime qu'elle occupait parmi les princesses de la rampe et parmi les notabilités de la bohême galante lui semblait insupportable.

Figurante plutôt qu'actrice, la place qui lui était dévolue sur les plus bas échelons de la hiérarchie dramatique, l'humiliait jusqu'aux larmes !

Elle en avait assez, elle en avait trop, de l'existence au jour le jour, — moitié fil et moitié coton, — tantôt pièce d'or et tantôt pièce de vingt sous,—que lui faisaient, à elle, Danaë d'occasion, des Jupiters de pacotille !...

Elle se savait souverainement et incontestablement belle.

Elle croyait à son esprit, — elle croyait à son talent, — elle croyait à son avenir.

Elle voulait rompre d'un seul coup avec un passé misérable, avec un présent camelotte, pour s'élancer dans les magiques perspectives des horizons longtemps rêvés.

Elle voulait se débarrasser d'un père odieux et compromettant, et se faire une position assez haute pour avoir le droit de renier ce misérable et de le consigner à la porte de son hôtel.

Car Paméla comptait fermement et prochainement sur un hôtel.

Très peu de temps avant cette époque, le beau rêve de Paméla avait paru au moment de se réaliser.

M. de Vaunoy, très passionnément épris, faisait les choses grandement et semblait fort disposé à se montrer largement prodigue.

Mais Galimand s'était mis en travers de cet espoir si légitime — et le banquier, révolté et refroidi par des exigences incessantes et trop cyniquement formulées, était parti pour ne plus revenir.

Paméla n'avait point pardonné à son père cette dernière déception dont il était la cause, et, nous le répétons, elle avait résolu d'en finir avec la misère ruolzée, — avec les Brancador, — avec les rôles de comparse...

Son parti était pris, et irrévocable. — Devenir une des étoiles du théâtre, — une des souveraines de la haute bohême, — ou bien se verrouiller dans sa chambre avec un réchaud rempli de charbon.

Voilà, dans toute sa simplicité, l'alternative que se posait la jeune femme.

L'entretien qu'elle venait de demander

à Georges était donc pour elle, ainsi qu'on va le voir, de la plus haute importance.

Le résultat de cet entretien allait trancher, peut-être, une question de vie et de mort.

§

Le journaliste frappa à la porte de la loge numéro 3. —

— Entrez, — répondit Paméla.

— Ah! c'est toi, — fit-elle en voyant Georges et en lui tendant la main. — tu ne m'as pas fait attendre, — merci.

Paméla était pâle, sous son rouge.

Georges remarqua cette pâleur et une légère contraction des muscles du visage de son interlocutrice.

— Ah çà, mon enfant, — lui demanda-t-il, — tu as donc vraiment quelque chose de sérieux à me dire... quelque chose d'important à me demander?...

— Oui, — et, ce que je vais te demander, il est très possible que tu me le refuses... — mais, je t'en donne ma parole, si, comme je le crois, tu es un homme de cœur, tu regretteras bientôt ton refus en en voyant les conséquences...

— Tu as bien dit cela, ma fille !!...

— Tu railles déjà !...

— Non, — j'écoute.

— Tu as une pièce ici, n'est-ce pas?

— Oui.

— Une pièce en trois actes, m'a-t-on dit?

— Oui.

— Un vaudeville?

— Non.

— Une comédie, alors?

— Quelque chose qui tient de la comédie et du drame, comme la *Vie de Bohême* et la *Dame aux camélias*.

— Il y a un grand rôle de femme, la-dedans?

— Évidemment.

— Quand lis-tu aux artistes ?

— Dans une dizaine de jours.

— La distribution est faite ?

— A peu près.

— Qui est-ce qui joue le grand rôle de femme ?

Georges nomma une actrice en réputation.

Paméla reprit :

— Ah! bah! — s'écria-t-elle, — autant vaut aller droit au but et aborder la chose carrément! — Je veux te prier, mon cher ami, de me distribuer le principal rôle de ta pièce...

Georges se demanda si la comédienne perdait la tête, et la regarda avec étonnement et presque avec inquiétude.

— Tu me crois folle? — dit vivement la jeune femme.

— Non, mais...

— Eh! mon Dieu si, tu me crois folle... — et pourtant je ne le suis pas, — et, la preuve, c'est que je m'attends d'avance à toutes les objections que tu vas me faire, et que je suis prête à les réfuter...

« Tu vas me dire, d'abord, que je ne suis pas une actrice, — que je suis une fille entretenue, — une pécheresse, — une biche, — et que je n'ai pris le théâtre que pour me mettre en évidence et faire, sur les planches de la scène, une réclame à mon boudoir...

» Tu vas me dire que je n'ai pas le moindre talent...

» Tu vas me dire que ta pièce jouée par moi, n'arriverait pas jusqu'à la fin du premier acte...

» Tu vas me dire que jamais, au grand jamais, — quand bien même tu ferais la folie de me donner le rôle, — le directeur ne consentirait à me le laisser jouer..

» Tu vas me dire cent autres choses parfaitement sensées et irréfutables, — du moins selon toi. — Mais, je te le répète, j'ai réponse à tout...

» D'abord, — dis-tu, et dit-on, — je n'ai pas de talent!..

» Qu'en sais-tu, et qu'en sait-on? — est-ce dans des rôles de figurante que j'ai pu prouver quelque chose?

» Tu dis, et on dit, que je suis une drôlesse et non pas une comédienne... — Eh! mon Dieu, va pour drôlesse! — Ne marchandons pas les mots! — Mais, si on ne pouvait pas être, tout à la fois, une grande drôlesse et une grande actrice, y aurait-il eu beaucoup de grandes actrices autrefois?.. y en aurait-il beaucoup aujourd'hui, mon bien bon?...

» Tu me crois incapable de jouer le rôle, sans démolir la pièce. — Je crois le contraire, moi. — Je crois que j'ai beaucoup d'intelligence, — beaucoup d'aplomb, — beaucoup d'âme et beaucoup de beauté! — Avec cela on ne démolit pas les pièces, mon cher ami, on les soutient!...

» D'ailleurs, qu'est-ce que j'ambitionne, moi? — Que tu m'essayes, et pas autre chose. — Fais-moi seulement répéter le rôle, et si, au bout d'une douzaine de répétitions, je suis, non pas médiocre, non pas suffisante, mais excellente, — tu me laisseras jouer, — sinon, non !..

» Reste la question du directeur. — De toutes les objections que tu aurais pu me faire, si je ne les avais pas faites avant toi, celle-là est la plus grave, j'en conviens.

» Cependant, après tout, tu es le maître, le seul maître de ta distribution, et, si tu montres de la volonté et de l'énergie, — si tu menaces de retirer ta pièce sur laquelle il est probable que l'administration compte beaucoup, — le directeur sera bien obligé de subir ta loi et de consentir, au moine, à m'essayer...

» Tu vois, mon cher ami, que j'ai tout mon bon sens. — Maintenant, que veux-tu faire ? —

» J'ai parlé, — parle. — Tu m'as écoutée, — je t'écoute.

— Peste, ma chère amie, — dit Georges en riant, — tu as manqué ta vocation !..

— Pourquoi cela ?

— Tu aurais dû te faire avocat. — Je ne saurais trop admirer ta logique et ton éloquence !.. — Sais-tu bien que les réquisitoires du ministère public auraient eu en toi un terrible adversaire !..

— Je croyais que nous parlions sérieusement, — répliqua la jeune femme, — si tu n'as rien autre chose à me répondre que des plaisanteries, fort spirituelles assurément, mais complètement inutiles, finissons-en tout de suite. — Cet entretien n'a plus de but. — J'ai fait une démarche absurde, — restons bons amis, et au revoir!...

Et Paméla, — de plus en plus pâle et les sourcils contractés, — étendit sa belle main vers Georges, de l'air d'une reine offensée.

IX

Une étoile future.

— Allons, ma fille, calme tes nerfs ! — dit le journaliste. — Que diable ! je serai sérieux tant que tu voudras...

— Feras-tu ce que je veux ?

— Peut-être...

— Pas de réponse évasive ! — dis : *oui* — ou — *non*.

— Sois donc sérieuse toi-même, ma chère enfant, puisque tu tiens tant au sérieux des autres. — Tu as des exigences plus hautes que les tours Notre-Dame, — tu demandes des choses qui paraissent insensées au premier abord, et tu prétends qu'on te réponde par le télégraphe électrique !.. — Ça ne se peut pas, ma belle biche... — Peut-être nous entendrons-nous, mais avant tout, discutons...

— Que veux-tu discuter ?

— La possibilité matérielle de te satisfaire.

— Eh! bien, va! — discute! — j'attends!..

— Tu prétends que tu as, ou plutôt que tu auras du talent, n'est-ce pas ?

— Certes!

— Jusqu'à présent j'avais été convaincu du contraire, sans trop savoir pourquoi, je l'avoue, — sans doute parce que je te trouvais trop belle...

— Mais c'était absurde, cela!!...

— Mon Dieu je ne dis pas le contraire! — je ne demande pas mieux que de revenir sur une opinion ridicule, et, à la première occasion, je te jugerai consciencieusement...

— Mais, c'est de toi que j'attends cette occasion.

— Le nageur inexpérimenté qui veut traverser du premier coup une rivière trop large, se noie, ma fille, — tandis que celui qui, d'abord, se contente d'un ruisseau, arrive sain et sauf à l'autre bord et peut bientôt affronter un fleuve...

— A quoi bon faire du style avec moi... — on n'imprimera pas dans le *Lucifer* ce que tu me dis !...

— Je ne fais pas du style, — j'invente une comparaison pour te convaincre...

— Je la comprends et je ne suis point convaincue.

— Tant pis pour toi, j'allais en arriver à ceci : — Veux-tu que je demande à l'administration de te distribuer, tout de suite, un joli rôle, dans une jolie pièce en un acte... — je répondrai de toi corps pour corps... — ce rôle et cet acte seront un ruisseau pour essayer tes forces, ma belle nageuse... — voyons, veux-tu ?...

— Non.

— Mais, enfin, pourquoi ?

— Je suis inconnue au théâtre, — plus qu'inconnue, car je suis ignorée, ce qui est bien pis ! — je veux me révéler par un coup d'éclat, — je veux attacher mon nom à une création éclatante ! — je veux que, du soir au lendemain, au lieu de dire

de moi : — *Paméla,* — *c'est une belle-fille ! !*
— on dise : — *Paméla,* — *c'est un grand talent !*

— Ma parole d'honneur ! — dit Georges, entraîné malgré lui par la confiance imperturbable et par la verve de la jeune femme, — sais-tu bien que tu commences à me convaincre un peu !...

— Oh ! je suis tranquille, et j'arriverai à te convaincre tout à fait !...

— Eh ! bien, écoute, — ce rôle qui est en ce moment l'objet de tes plus chères ambitions, — veux-tu le conquérir à la pointe de l'épée ?...

— Oui, je le veux, et à tout prix ! !

— Il ne tient qu'à toi de me donner une preuve de ton talent de composition...

— Quelle preuve ? — veux-tu que, d'ici à après demain, j'apprenne un rôle ? — si long qu'il soit, tu n'as qu'à parler, ce sera fait...

— Le rôle dont il s'agit, tu le joueras sans l'avoir appris...

— Je ne comprends plus.

— Je m'explique : — as-tu remarqué la personne qui m'accompagnait au foyer ?...

— J'ai bien vu que tu avais quelqu'un avec toi, — mais je n'étais préoccupée que de ce que j'avais à te dire...

— Mon compagnon est un gentilhomme breton, — immensément riche et immensément naïf, qui ne connaît rien de Paris, rien de la vie, et qui voudrait s'initier, pendant une quinzaine de jours, à toutes les voluptés de la Babylone moderne...

— Eh ! bien?...

— Pour moi, cet excellent et innocent provincial, viveur effréné pendant deux semaines, puis, immédiatement après et pour tout le reste de sa vie, le plus chaste des époux, le plus vertueux des pères de famille, est un type extrêmement curieux, un très admirable et très amusant sujet d'études...

— Je ne devine pas quel rapport...

— Tu vas voir, — es-tu libre , ce soir ?

— Oui, — et si je ne l'étais pas, je me rendrais libre pour toi.

— Merci, — tu vas venir, après le spectacle, souper avec mon Breton et avec moi.

— C'est convenu.

— D'ici là, tu vas te choisir un caractère,— celui que tu voudras, peu importe, — tu vas te fourrer dans la peau d'un personnage quelconque, comique ou sentimental, à ton gré, — mon baron te donnera la réplique le plus innocemment du monde, et moi, spectateur attentif, je serai mieux à même de juger ton talent scénique que si je te voyais débuter dans toutes les pièces du répertoire... — cela te va-t-il?

— Parfaitement, — il est bien entendu que, si je te satisfais, j'aurais le rôle?...

— C'est promis, c'est juré!

— Eh! bien, viens me prendre ici après le sixième tableau des *Fleurs de Mai*, — je ne suis pas de la dernière pièce...

— Combien te faut-il de temps pour te déshabiller et te rhabiller?...

— En me hâtant beaucoup, vingt minutes.

— Eh! bien, vingt minutes après la fin

de la grande pièce, je serai là, tout prêt à t'offrir mon bras.

— A propos, quel âge a-t-il, ton Breton ?

— Cinquante-cinq ou cinquante-six ans.

— Et tu dis qu'il est riche ?

— Deux ou trois fois millionnaire.

— Et généreux avec les femmes ?

— Je n'en sais rien, ni lui non plus.

— Comment cela ?

— Il n'a jamais eu d'autre femme que la sienne.

— Allons donc! ça ne se peut pas!...

— Certainement c'est invraisemblable, — mais c'est vrai comme la vérité!...

— Sais-tu bien qu'une fille un peu rouée, qui saurait s'emparer d'un homme comme celui-là, en ferait tout ce qu'elle voudrait?...

— Oui, certes! je le sais, — et rien ne t'empêche d'essayer... d'abord, la moitié de la besogne est faite...

— De quelle façon?

— Mon baron a la tête tournée de toi.

— Sérieusement?

— Oui.

— Il te l'a dit ?

— Il n'a fait que cela pendant les quatre premiers tableaux des *Fleurs de mai*...

— Eh ! bien, nous verrons...

— Bonne chance !

— Voilà la cloche qui sonne pour le sixième tableau, — je me sauve...

— A tout à l'heure.

— Oui, à tout à l'heure...

Et Paméla, s'élançant hors de sa loge, disparut dans le corridor.

—Etrange créature ! — se disait Geor-

ges, en descendant plus lentement. — Le diable m'emporte, si je ne commence pas à penser qu'elle pourrait bien avoir raison en prétendant qu'elle a du talent!... — Allons, je vais avoir un spectacle curieux!
— Cette irrésistible syrène, qui boirait des perles fondues, aux prises avec ce provincial avaricieux et grippe-sou, Harpagon doublé de Grandet! — La comédie sera bizarre et se jouera pour moi tout seul!..
— Certes, quoiqu'il m'en puisse coûter, je ne regretterai pas mon argent!!...

Georges ne se doutait guère que la prétendue comédie qu'il préparait en ce moment deviendrait un drame sinistre au dénoûment ensanglanté!...

. . . .
. . . .

Le journaliste rejoignit le baron, à qui le cinquième tableau avait paru complètement décoloré à cause de l'absence de Paméla.

Mais l'enchanteresse venait de reparaître en scène et M. de Piriac recommençait à perdre la tête.

— Eh! bien? — demanda-t-il vivement à Georges, au moment où ce dernier reprit sa place à l'orchestre dans le fauteuil voisin du sien.

— Eh! bien, mon cher baron, tout est arrangé...

— Nous soupons?

— Oui.

— Avec des dames ?

— Avec une dame.

— Mais, je croyais que que vous aviez dit... — hasarda le baron légèrement inquiet.

— J'avais dit que la partie serait carrée, c'est vrai, — acheva le journaliste, — mais je me suis souvenu à temps de l'adage latin que, sans doute, vous n'avez pas oublié non plus :

» *Numero deus impare gandet !...*

— Oui... oui... certainement oui... — répondit monsieur de Piriac qui n'avait pas compris un seul mot cette citation. — Je m'en souviens le mieux du monde...

— Et, pour me conformer à cet aphorisme si sage, je n'ai invité qu'une seule déesse...

— Et, — murmura le baron avec une agitation extraordinaire et une inquiétude qu'il ne parvenait pas à cacher, — peut-on vous demander laquelle?...

— Mais, — répliqua Georges en jouant à merveille l'insouciance, — celle, je crois, que vous m'aviez désignée vous-même...
— Paméla, si je ne me trompe, la belle fille aux grands cheveux noirs... — c'est bien d'elle que vous me parliez avant l'entr'acte, n'est-ce pas?

— Oui, mon cher Georges, c'est bien d'elle... — balbutia le baron excessivement ému, et en devenant rouge tout d'un coup, de façon à faire supposer qu'une attaque d'apoplexie foudroyante était imminente.

Puis, au bout d'un instant, il ajouta :

— Cependant il m'eut été parfaitement égal que votre invitation tombât sur une autre de ces dames, car toutes les comédiennes de ce théâtre sont charmantes...

— Cache ton jeu, mon bonhomme ! — pensa Georges, — cache ton jeu tant que tu voudras ! — je vois dans tes cartes ! — tu es pincé !...

X

Comédienne à la ville.

En ce moment, le sixième et dernier tableau s'achevait.

— Partons, — dit Georges.

— Est-ce que le spectacle est fini ? — demanda M. de Piriac.

— Non. — Il y a encore une pièce en un acte... — Seriez-vous curieux de la voir ?...

— Mais, certainement.

— C'est qu'il y a une difficulté.

— Laquelle?

— Paméla ne joue pas dans la petite pièce, et je dois aller la prendre aussitôt qu'elle aura changé de costume,— c'est-à-dire dans vingt minutes. — Or, l'entr'acte durant un quart d'heure, le temps vous manquera...

— Partons, alors, partons vite...

Les deux hommes quittèrent le théâtre et se promenèrent pendant quelques minutes sur le boulevart.

Puis Georges conduisit M. de Piriac dans le passage des Panoramas, et le pria de l'attendre dans cette galerie latérale, qui porte le nom de *Galerie des Variétés,* et qui conduit à l'entrée des artistes du théâtre.

Un instant après, il entrait dans la loge de Paméla.

La jeune femme avait achevé sa toilette, et cette toilette était charmante.

De ses immenses nattes brunes Paméla s'était fait, en les roulant autour de sa tête, un diadème splendide, mais qui gênait singulièrement son petit chapeau de crêpe rose.

Elle avait une robe gris perle, à mille volants, et, sur cette robe, un petit châle carré de Smyrne, à fond noir, brodé de grandes fleurs éclatantes.

— Sais-tu bien que te voilà étourdissante de beauté ! — lui dit Georges.

— Mais je le crois bien, que je le sais. — Les glaces dans lesquelles je me regarde passent leur vie à me le répéter sur tous les tons.

— Quand tu voudras... — le baron nous attend en bas.

— Tu vois que je suis prête. — Ah ! ça, ce qui est promis tient toujours ?...

— Ce qui est juré est juré. — Compte sur moi et fais de ton mieux. — Si je suis content, tu seras contente...

Le journaliste et la comédienne descendirent et rejoignirent le baron.

Quelques minutes après, ils étaient attablés, tous les trois, dans un cabinet du Café Anglais.

§

Nous ne ferons point assister nos lecteurs au souper qui se prolongea jusqu'à près de quatre heures du matin.

Les détails dans lesquels il nous faudrait entrer seraient longs, et l'espace nous manque absolument, puisqu'il ne nous reste que quelques feuillets et que nous devons arriver, avec une rapidité de locomotive, à la catastrophe qui terminera la première série de notre œuvre.

Il faut donc que nos lecteurs se contentent d'une brève analyse de ce qui se passa pendant cette nuit,

Quelques minutes avaient suffi à Paméla pour se composer le rôle qu'elle devait jouer sous les yeux de Georges, vis-à-vis de M. de Piriac.

Ce rôle, habilement tracé, et rendu avec un véritable talent, devait produire un effet certain sur un provincial complètement inexpérimenté, et n'ayant pas le moindre soupçon des *balançoires* habituelles aux femmes de théâtre et aux biches de toutes les catégories.

Il s'agissait de se poser en ange déchu, mais cependant toujours pur, — ange tombé du ciel où il planait, et d'où une fatalité invincible l'avait précipité, mais *n'ayant pas souillé ses blanches ailes aux fanges d'une existence détestée.*

Paméla reconta sa vie, ou plutôt elle improvisa un petit roman que Georges ne put s'empêcher d'admirer.

Quant à M. de Piriac, les situations déchirantes de ce récit fait d'une voix émue et parfois entrecoupée, lui arrachèrent des larmes, — et nous savons que cet excellent baron n'était pas précisément sentimental.

Bref, quand Paméla eut achevé, le gentilhomme Breton s'avouait à lui-même que le corps de cette belle fille avait certainement péché, mais que son cœur et son âme étaient aussi merveilleusement et aussi incontestablement purs que le cœur et l'âme de la plus chaste des rosières.

Il consola et encouragea de son mieux Paméla, qui, pour se mieux identifier avec le personnage qu'elle représentait, jugeait convenable de verser quelques belles larmes, et il sollicita l'insigne faveur d'aller, dès le lendemain, présenter ses respectueux hommages à la pauvre enfant, — permission qui, comme bien on pense, lui fut octroyée sans conteste.

Le jour allait paraître au moment où le baron, l'actrice et le journaliste, montèrent dans un de ces coupés qui stationnent pendant toute la nuit aux abords du Café Anglais et de la Maison Dorée.

Paméla demeurait dans le haut de la rue des Martyrs.

Les deux hommes la conduisirent chez elle.

En descendant de voiture elle trouva moyen de glisser dans l'oreille de Georges ces trois mots :

— Es-tu content ?

— Tu es très forte ! — répondit le journaliste du même ton.

M. de Piriac mit un baiser de feu sur la main blanche qu'on lui tendait, et Paméla rentra chez elle.

— Rue des Trois Frères, — dit Georges au cocher.

Puis, se tournant vers le provincial, il lui demanda :

— Eh ? bien, mon cher baron, les quelques heures qui viennent de s'écouler ont-elles répondu à votre attente ?...

— Ah ! mon ami ! vous me voyez ravi ! enchanté ! enthousiasmé !!...

— Comment trouvez-vous Paméla ?

— Comment je la trouve ? — mais c'est un ange !! — c'est la plus adorable créature que la terre ait jamais porté !... — Il me semble, mon cher Georges, que vous m'aviez parlé d'elle un peu légèrement...

— Que voulez-vous, je ne la connaissais pas bien...

— Mais, maintenant que vous la connaissez, vous l'appréciez n'est-ce pas ?...

— Autant qu'elle mérite de l'être, soyez-en sûr, mon cher baron ! — répondit le journaliste, en dissimulant un sourire.

— Qui donc se serait attendu, — reprit M. de Piriac, — à trouver tant de candeur et tant d'innocence sur les planches d'un théâtre !! — Est-ce que c'est commun à Paris ?...

— La candeur et l'innocence sont rares partout, — mais cependant, comme vous le voyez, on peut rencontrer, de loin en loin, d'éclatantes exceptions !...

La voiture s'arrêta.

On était arrivé, rue des Trois Frères, et devant l'hôtel où le baron occupait une chambre.

— Nous dînerons ensemble, n'est-ce pas ? — demanda Georges.

— J'ai trop de plaisir à me trouver avec vous, pour ne pas accepter avec empressement.

— Et, après dîner, à quel théâtre voudrez-vous que je vous conduise ?...

— Aux Variétés, mon cher ami, retournons aux Variétés... — J'y passerais ma vie...

— Pardieu je le vois bien ! — s'écria Georges.

Et, tout en s'éloignant, il ajouta avec

un sentiment de vague inquiétude, et en se parlant à lui-même :

— Pourvu, maintenant, que ce feu de paille que j'ai allumé en jouant ne devienne pas un incendie qui consumera ce vieillard !!...

§

Trois semaines s'étaient écoulées depuis cette soirée où, pour la première fois, monsieur de Piriac avait vu Paméla.

Ces trois semaines avaient amplement suffi pour métamorphoser, au physique et au moral, le vieux gentilhomme breton devenu l'amant de la courtisane parisienne.

Le baron, éperdument épris de sa dangereuse maîtresse, ne songeait plus à quitter Paris.

Sa femme, — ses enfants, — sa demeure féodale, — son intérieur chaste et tranquille, — il oubliait tout, — il dédaignait tout, — rien de tout cela n'existait plus pour lui.

Il avait écrit à madame de Piriac quelques lignes bien sèches et bien froides, pour lui dire que, ses affaires menaçant de se prolonger assez longtemps, il lui était impossible de préciser l'époque de son retour.

Ensuite il avait négligé de donner de ses nouvelles.

La modeste chambre du cinquième étage de la rue des Trois-Frères s'était vue remplacer par un élégant appartement à l'entresol d'une maison meublée du boulevart des Italiens.

Le baron avait dépouillé son apparence provinciale, autant du moins que cela pouvait dépendre d'un tailleur à la mode, et d'un chemisier et d'un bottier en renom.

Il ressemblait maintenant, — en laid, — à ces viveurs hors d'âge, — à ces lions blanchis, — qui étalent sur l'asphalte du boulevart leurs prétentions ridicules et leurs grâces sexagenaires.

Son avarice enracinée, — la passion dominante de toute sa vie, — s'était fondue comme un morceau de glace au soleil, sous les rayonnements magiques des grands yeux noirs de Paméla.

Lui qui, jadis, hésitait et reculait devant la dépense la plus minime et la plus indispensable, il prodiguait l'or sans compter, pour satisfaire les moindres caprices de la comédienne, — et déjà les cinquante mille francs qu'il était venu toucher à Paris se trouvaient fort notablement ébréchés.

Georges, pareil à ce sorcier novice qui ne savait plus conjurer les résultats terribles de ses folles évocations, commençait à s'épouvanter de son ouvrage.

Il avait d'ailleurs tenu sa parole à la comédienne et, au grand scandale de tous les artistes du théâtre des Variétés, Paméla répétait le principal rôle de la pièce en trois actes dont Georges était l'auteur.

Non contente de ce premier résultat, Paméla en ambitionnait un second. — Elle rêvait la ruine absolue et rapide de ce vieillard dont elle avait fait son esclave et que, d'après les affirmations du journaliste, elle croyait trois fois millionnaire.

Avec les débris de ces millions, elle voulait bâtir solidement les fondations de sa propre fortune.

Le hasard, — ou plutôt la fatalité, — allait lui venir en aide, — mais d'une façon étrange et terrible, et qu'aucune prescience humaine n'aurait pu deviner.

Nous le répétons: — là ou le journaliste et la courtisane n'avaient vu qu'une de ces comédies d'intrigue si rebattues au théâtre qu'elles sont devenues des lieux communs, — un barbon exploité par une coquette, — le prologue d'un drame sinistre allait s'accomplir.

XI

Une goutte d'eau.

Paméla occupait un assez joli petit appartement au troisième étage d'une maison de la rue des Martyrs.

Cet appartement était garni de meubles luxueux, mais mal assortis, épaves des amours naufragés.

Achetées à des époques différentes, sous l'impulsion d'une nécessité ou d'un caprice, les diverses parties du mobilier manquaient de l'homogénéité désirable et justifiaient le *mot* spirituel d'un vaudevilliste qui avait dit :

— Les meubles de Paméla ont l'air d'être en visite dans son appartement et de ne pas se connaître les uns les autres...

Un jour, — vers onze heures du matin, — M. de Piriac allait sortir du logis de la comédienne qu'il n'avait pas quitté depuis la veille au soir.

Il était dans l'antichambre et mettait un louis dans la main de la camériste, quand on sonna violemment à la porte d'entrée.

— Ne vous montrez pas, monsieur, — lui

dit la femme de chambre à voix basse, — c'est peut-être un créancier de madame...

Le baron rentra dans le couloir, et la porte fut ouverte au visiteur qui venait de s'annoncer par un coup de sonnette insolent.

— Eh! bien, — dit brusquement une voix haute et rude, — la verrai-je, enfin, aujourd'hui?...

— Non, monsieur...

— Et pourquoi donc ça, s'il vous plaît?

— Madame est sortie.

— Sortie! déjà! à onze heures! c'est invraisemblable...

— C'est pourtant comme ça.

— Dis plutôt qu'elle n'est pas encore rentrée...

— Pas rentrée ou sortie, c'est tout comme, puisque madame n'est pas ici...

Le visiteur frappa du pied et fouetta l'air avec une petite canne qu'il tenait à la main.

— Sacrebleu! — s'écria-t-il, — tout ça commence à m'ennuyer!... — fais-moi le plaisir, ma fille, de dire à ta maîtresse que je n'ai pas l'habitude de *poser* pour des *drôlesses* de son espèce!...

Nous venons d'écrire le mot *drôlesse*. — Nous le devions — par respect pour nos lecteurs et par respect aussi pour nous-mêmes, — mais le mot dont se servit le visiteur fut beaucoup plus énergique.

M. de Piriac entendait tout. — Il était breton, — il était gentilhomme. — On insultait en sa présence une femme qu'il aimait. —

Un flot de sang aussi chaud qu'à vingt ans, monta de son cœur à son front. —

Il oublia ses cheveux blancs — il oublia sa position de père de famille, qui lui commandait impérieusement le calme et le respect humain.

Il quitta le couloir et il rentra d'un pas ferme dans l'antichambre.

Là, il se trouva en face d'un homme de trente à trente-deux ans, — fort beau garçon, mais de figure commune, et vêtu avec une élégance prétentieuse du plus mauvais goût.

De longues moustaches noires, formant des crocs menaçants, — un chapeau campé sur l'oreille droite, — une étroite redingote dessinant les hanches, — un pantalon blanc à la hussarde, — donnaient à ce quidam l'apparence d'un traîneur de sabre en habits bourgeois.

Il se tourna vers monsieur de Pirac, et le toisa de haut en bas et de bas en haut, en clignant les paupières de la façon la plus impertinente.

— Monsieur, — lui dit le baron d'une voix tremblante de colère, — vous venez de vous servir d'une expression grossière et outrageante. — A qui l'appliquiez-vous, je vous prie ?

Au lieu de répondre à monsieur de Piriac, le jeune homme s'adressa à la femme de chambre.

— Ah ! ça, — fit-il en ricanant, — d'où

sort-il ce vieux-là, et qu'est-ce qu'il me veut?

— Je veux vous donner une leçon, monsieur le faquin!...

— Une leçon, à moi!..... papa!.... allons donc!....

Et le jeune homme se mit à fredonner :

>   Avait pris femme
>   Le sir de Franc-Boisy!
>   La prit trop jeune...

Puis il ajouta :

— Allons, fichez-moi la paix, mon vieux! — Si vous êtes l'entreteneur de Paméla, je lui pardonne de m'avoir fait poser. — La malheureuse est assez punie d'avoir à gagner son argent avec un pistolet de votre âge...

— Drôle! — cria monsieur de Piriac avec colère.

— Du calme, papa!... du calme!... — Est-ce que vous allez me manger?...... — Donnez-moi donc l'adresse du Willams Roger qui vous fournit vos osanores...

— Misérable! vous m'insultez!...

— Plus que ça de mélodrame. — Sous quel pseudonyme vous met-on en vedette sur l'affiche de l'Ambigu, dans les drames de monsieur Dennery, mon bon?....

— Si vous n'êtes pas un lâche, nous nous battrons?...

— Avec vous?... me battre? — plus souvent! — pour qu'on dise que j'ai traîtreusement et sournoisement mis en terre mon bisaïeul!.... merci!.... — Repassez par ici quand j'aurai cent quinze ans, — l'affaire pourra s'arranger...

— Ah! c'est ainsi! — murmura monsieur de Piriac d'une voix étranglée par la fureur.

— Mon Dieu oui, vieillard vertueux, quoique dépravé; — c'est ainsi et point autrement....

Le baron tenait à la main une canne charmante, achetée très peu de jours auparavant chez Verdier.

Il leva cette canne et la laissa retomber sur l'épaule de son interlocuteur, dont la figure se décomposa aussitôt et devint livide, et qui fit un mouvement, aussitôt réprimé, pour s'élancer sur M. de Piriac.

— Maintenant, — dit ce dernier, — vous battrez-vous?

— Décidément, — répliqua le jeune homme, en reprenant son ton gouailleur et son air goguenard, — décidément vous voulez qu'on vous enterre ! — C'est de votre âge et je ne vous contrarierai pas.

— Je suis insulté, — je choisis l'épée, — voici ma carte. — J'attends vos témoins d'ici à deux heures. — J'ai bien l'honneur, de tout mon cœur, d'être votre humble serviteur...

Et le jeune homme, après avoir salué d'une façon cérémonieusement burlesque, sortit en refermant la porte derrière lui.

Depuis la pièce voisine, où elle se tenait cachée, Paméla avait assisté à la scène qui précède.

Elle apparut alors, et, se jetant dans les bras du baron, elle joua la scène la plus touchante et la plus pathétique qu'il lui fut possible d'imaginer, pour le décider à ne point se battre.

Tout fut inutile, — la résolution de monsieur de Piriac était inébranlable.

— Eh! bien alors, — lui dit-elle, — si vous m'aimez défendez bien votre vie, — car si vous mourez, je mourrai!....

§

En quittant la rue des Martyrs, monsieur de Piriac alla chez Georges, pour lui demander d'être son premier témoin, et de lui en procurer un second.

Georges, désespéré, épuisa, mais vainement, toutes les remontrances, toutes les observations, toutes les supplications qu'on devine.

Têtu comme un vrai Breton, le baron ne céda pas d'un pouce.

Le journaliste dût se mettre à ses ordres, et, assisté d'un de ses amis, se rendre chez l'adversaire du vieillard.

Cet adversaire était un ex-commis voyageur, qu'un héritage inattendu avait retiré de la circulation et qui vivait sur le pavé de Paris en vrai sacripant.

Il fut insolent avec les témoins du baron, comme il l'avait été avec le baron lui-même. — Tout arrangement devint complètement impossible.

Une rencontre fut arrêtée pour le lendemain, à six heures du matin, au bois de Vincennes.

Monsieur de Piriac, aussitôt qu'il connut ce résultat, alla sans perdre une minute en instruire Paméla, avec laquelle il passa le reste de la journée, jusqu'à l'heure où son service appelait l'actrice au théâtre pour la représentation.

Après le spectacle il la mena souper, — puis il la reconduisit chez elle et rentra à son hôtel.

Il s'enferma dans sa chambre, — il alluma des bougies ; — il ouvrit son secrétaire et il y prit son portefeuille, — deux enveloppes, — une feuille de papier à lettre et un bâton de cire à cacheter.

Il y avait, sur la table, un encrier et des plumes.

Le baron retira du portefeuille les billets de banque qu'il contenait et il les compta.

Il y en avait trente-neuf.

Onze mille francs s'étaient évaporés depuis trois semaines, — ou, des mains de M. de Piriac, avaient passé dans celles de Paméla !

On conviendra que, — pour un avare, — c'était faire assez grandement les choses !

Le baron sépara neuf de ces billets et les glissa dans une enveloppe, et sur cette enveloppe il traça le nom et l'adresse de Paméla, après avoir cacheté et scellé de ses armes.

Il prit ensuite la feuille de papier à lettre et il écrivit pendant plus d'une heure.

Puis, sa lettre achevée, il la plaça avec les trente billets de banque, dans la seconde enveloppe, qu'il scella de cinq cachets et sur laquelle il écrivit ces mots :

A madame

La baronne de Piriac, en son château de Piriac,

Par Saint-Nazaire et Guérande.

(Loire-Inférieure.)

Ceci fait, il déposa les deux enveloppes dans le secrétaire qu'il referma à double tour. — Il se mit au lit et il dormit pendant deux ou trois heures, d'un profond sommeil.

Il est inutile de reproduire tout entière la lettre adressée à madame de Piriac.

Nous devons en citer seulement un des derniers paragraphes :

« Aussitôt, ma chère amie, — disait le baron, — aussitôt que la nouvelle officielle de ma mort vous sera parvenue, vous vous rendrez dans ma chambre à coucher, — vous examinerez avec attention le montant de gauche du cadre d'ébène du tableau de Luc de Cranack, — vous y verrez une sorte de défaut semblable à un nœud, — vous appuierez sur ce nœud, et le tableau, tournant sur ses gonds, démasquera un panneau de chêne. — Cherchez à gauche, — vous verrez un bouton de métal, peint de façon à imiter la couleur du bois. — Appuyez sur ce bouton comme vous aurez appuyé sur le nœud. — Le panneau tournera comme aura tourné le tableau, et vous laissera voir un placard profond pratiqué dans la muraille.

» Vous trouverez dans ce placard une somme de quatre cent quarante mille francs, en or; — de soixante mille francs en billets de banque, — et mon testament.

» Ne faites la déclaration ni de l'or, ni des billets. — Il n'en est point parlé dans le testament. — Vous éviterez ainsi de payer des droits de succession sur cette grosse somme que vous partagerez également entre nos deux enfants. »

§

Le baron était déjà levé et complètement habillé quand Georges et le second témoin arrivèrent, accompagnés d'un chirurgien.

Ces messieurs avaient une voiture en bas.

Tous les quatre partirent sur-le-champ.

L'ex-commis-voyageur les avait devancés sur le terrain, et se plaignit, en ricanant, d'un retard qui n'existait pas.

Les deux adversaires mirent l'épée à la main.

Le jeune homme était un tireur d'une certaine force, et il accompagnait chacune de ses passes d'une plaisanterie d'estaminet, ou d'un calembourg de table d'hôte.

L'avantage était manifestement de son côté, et il en abusait honteusement.

Au bout de moins d'une demi-minute, M. de Piriac tombait, frappé d'un coup terrible au-dessous du sein droit, et perdait immédiatement connaissance.

Deux heures après, on étendait ce corps inanimé dans le lit qu'il avait quitté, plein de vie, si peu de temps auparavant.

Paméla était là, — éplorée, — sanglotant, — s'arrachant les cheveux.

— C'est moi qui le tue! — s'écriait-elle; — s'il meurt, je veux mourir!...

Georges lui-même, — Georges le sceptique et l'incrédule, — ne pouvait s'empêcher d'ajouter foi à cette douleur si profonde et si déchirante.

Le chirurgien venait de poser sur la blessure un premier appareil.

— Eh bien? — lui demanda Georges, — pouvons-nous espérer?...

— Je ne sais pas encore. — Je reviendrai ce soir, et alors je vous répondrai.

— Avez-vous des recommandations à faire?

— Une seule. — Si le blessé revient à lui-même, il sera dévoré par la fièvre; — il aura une soif ardente, et il demandera à boire...

— Que faudra-t-il lui donner?

— Rien. — Une goutte d'eau, ce serait la mort, — la mort foudroyante, — instantanée...

Le médecin sortit.

— Mon ami, — dit alors la comédienne à Georges, — ma place est là... — Jusqu'à ce que M. de Piriac soit sauvé, ou jusqu'à ce qu'il soit mort, je ne quitterai pas cette cha...bre... — Ta présence continuelle ici est donc inutile. — Va où tes affaires t'appellent, et compte absolument sur moi...

— Tu es une brave fille, — dit Georges, — tu as du cœur et tu mérites d'être heureuse... — Veille bien sur ce pauvre homme. — Je reviendrai ce soir...

Et, à son tour, il s'en alla.

La journée se passa. — L'évanouissement du baron avait cessé, — mais le délire avait pris la place de l'anéantissement, et M. de Piriac ne prononçait que des mots interrompus et sans suite.

Vers le soir, il se calma peu à peu et s'assoupit.

Georges et le chirurgien revinrent presqu'en même temps:

— Que dites-vous, docteur? — demanda le journaliste, quand l'appareil eut été levé. — Vous est-il possible de vous prononcer?...

— Oui.

— Et votre arrêt?...

— Est plus favorable que je ne l'espérais. — Nous le sauverons peut-être...

— Que Dieu vous entende!

— Qui veillera cette nuit auprès du blessé?

— Moi, — répondit Paméla.

— Êtes-vous sûre de vos forces, mademoiselle?...

— Oui, — oh! oui, — j'en suis sûre!...

— Envoyez-moi chercher par un garçon de l'hôtel, s'il survenait quelque chose de nouveau, — et surtout n'oubliez pas ma recommandation de ce matin. — Une goutte d'eau, une seule, équivaudrait, pour notre blessé à un coup de pistolet dans la tête...

Paméla resta seule avec le baron, qui continuait à dormir d'un sommeil pénible, entrecoupé de plaintes sourdes.

La jeune femme était étendue dans un grand fauteuil, et faiblement éclairée par la lueur d'une seule bougie placée derrière elle.

Vers une heure du matin, M. de Piriac fit un mouvement brusque.

— Georges, — balbutia-t-il, — Georges...

Paméla se pencha sur lui.

— Mon ami, — lui répondit-elle, — Georges est absent, — mais je suis là, moi...

— Paméla, — reprit le baron d'une voix rauque et sifflante, — je vais... mourir...

— Non, mon ami, non, vous vivrez...

— La clé... Paméla... prenez la clé...

— Quelle clé?...

— Celle... celle du... secrétaire...

— Où est-elle?...

— Dans... dans... mon... gilet...

Paméla fouilla à la hâte les vêtements du baron.

— La voici, — dit-elle.

— Ouvrez...

— C'est fait.

— Prenez...

— Quoi donc?...

— Les enveloppes... les deux..

— Les voilà, qu'en faut-il faire?

— L'une... pour vous... — prenez... gardez... — l'autre.. sous mon chevet... et... après moi... la poste..

Épuisé par cet effort, et après avoir

senti Paméla glisser sous son chevet la lettre adressée à madame de Piriac, le baron s'évanouit de nouveau.

La jeune femme brisa le cachet de l'enveloppe qu'elle tenait entre ses mains, et elle eut un éblouissement en la voyant pleine de billets de banque.

— Mais, alors, — murmura-t-elle, — l'autre... il y en a aussi dans l'autre... — l'autre était bien plus lourde... l'autre avait cinq cachets... — elle doit contenir une somme énorme...

Et, la tête penchée sur sa poitrine, — les yeux fixes, — le sein haletant, — Paméla s'absorba dans une pensée horrible, — celle-ci :

— Si cependant il mourait cette nuit, je prendrais la seconde enveloppe, et j'aurais tout !...

Deux heures s'écoulèrent.

Un gémissement prolongé annonça que le baron venait de reprendre connaissance.

— Paméla... — dit-il d'une voix éteinte, — je souffre... je brûle... j'ai soif... à boire...

Paméla tressaillit et se leva sans répondre.

— A boire... — répéta le baron.

Paméla devint livide, et, à coup sûr, un terrible combat se livra dans son âme.

Ce combat fut court.

Elle marcha d'un pas ferme jusqu'à la commode sur laquelle étaient posés une carafe et un verre.

Elle remplit le verre et elle l'approcha des lèvres du blessé.

M de Piriac but avidement.

Puis il poussa un long soupir et il retomba en arrière.

Il était mort!...

. . . .

. . . .

Alors,—auprès du cadavre de cet homme, de ce vieillard, assassiné doublement par elle, — la comédienne fouilla sous le traversin encore chaud, et, après avoir vérouillé la porte de l'appartement, elle rompit avec un mouvement fébrile les cinq cachets de la seconde enveloppe dont elle venait de s'emparer.

Avec un geste de triomphe elle éparpilla les billets de banque sur ses genoux, et elle les compta.

Ensuite, elle eut la curiosité de lire la lettre qui les accompagnait.

Quand elle en arriva au paragraphe

que nous avons reproduit, ses yeux s'agrandirent dans leurs orbites et un éclat de rire insensé s'échappa de sa poitrine haletante.

— Cinq cent mille francs!... — balbutia-t-elle, — une fortune!... oh! si je croyais au démon, je dirais que le démon me protége!...

Elle brûla les deux enveloppes vides; — elle brûla la lettre, en n'en conservant que le paragraphe indicateur qu'elle cacha dans son corset avec une liasse de billets de banque. — Elle rouvrit le secrétaire, — elle mit cinq billets de mille francs dans le portefeuille; — elle referma le secrétaire; — elle plaça la clé dans la poche du gilet; — puis, ouvrant au grand large la porte de l'appartement, elle appela à l'aide et elle agita toutes les sonnettes.

On accourut.

On alla chercher le chirurgien.

Il vint en toute hâte ; — mais il ne lui restait à remplir que le triste devoir de constater un décès.

§

Le lendemain, Georges reçut de Paméla la lettre suivante :

« Mon cher ami,

« Après le malheur qui vient de me frapper, je renonce au théâtre, peut-être pour toujours.

» J'ai le cœur brisé ; — j'ai Paris en horreur ; — je vais voyager pendant quelque temps.

» Tu as été bien bon pour moi ; — je t'en remercie, et je te rends le rôle que tu m'avais confié et qui, dans toute autre circonstance, m'aurait rendue si heureuse.

» Ton amie,

» Paméla. »

§

Le surlendemain Paméla quittait en effet Paris par le chemin de fer de Nantes.

La comédienne allait au Croisic.

Le Croisic touche à Piriac !...

FIN DU SIXIÈME ET DERNIER VOLUME DES
DEUX BRETONS.

TABLE DES CHAPITRES

QUATRIÈME PARTIE (SUITE).
Léontine le Modèle (suite).

		Pages
Chap. XLIII.	Mine contre mine.	3
— XLIV.	Le retour à Paris	23
— XLV.	Les roueries de la Brancador.	37
— XLVI.	La maison isolée.	57
— XLVII.	Faits Paris	81

CINQUIÈME PARTIE.
Mademoiselle Paméla.

Chap. I.	Le baron à Paris	99
— II.	Une visite.	119
— III.	Les menus-plaisirs.	137
— IV.	Le bibelot. — Le bac et les biches.	151
— V.	Les fleurs de mai.	175
— VI.	Le paradis de Mahomet.	199
— VII.	Les Javanaises. — La loge numéro 3. — Paméla.	215
— VIII.	Georges et Paméla.	237
— IX.	Une étoile future.	273
— X.	Comédienne à la ville.	273
— XI.	Une goutte d'eau.	297

FIN.

Fontainebleau. — Imp. de E. Jacquin.

www.ingramcontent.com/pod-product-compliance
Lightning Source LLC
Chambersburg PA
CBHW060627170426
43199CB00012B/1467